Urs Jenni

101 Dorfladengeschichten

Urs Jenni

101 Dorfladengeschichten

Kaufst du noch oder nervst du schon?

Bloggingbooks

Impressum / Imprint
Bibliografische Information der Deutschen Nationalbibliothek: Die Deutsche Nationalbibliothek verzeichnet diese Publikation in der Deutschen Nationalbibliografie; detaillierte bibliografische Daten sind im Internet über http://dnb.d-nb.de abrufbar.

Bibliographic information published by the Deutsche Nationalbibliothek: The Deutsche Nationalbibliothek lists this publication in the Deutsche Nationalbibliografie; detailed bibliographic data are available in the Internet at http://dnb.d-nb.de.

Coverbild / Cover image: www.ingimage.com

Verlag / Publisher:
Bloggingbooks
ist ein Imprint der / is a trademark of
AV Akademikerverlag GmbH & Co. KG
Heinrich-Böcking-Str. 6-8, 66121 Saarbrücken, Deutschland / Germany
Email: info@bloggingbooks.de

Herstellung: siehe letzte Seite /
Printed at: see last page
ISBN: 978-3-8417-7071-4

Vorwort – Wie alles anfing

Als Besitzer eines kleinen Dorfladens erlebt man vieles; tagtäglich neue und alte Gesichter, vertraute und unbekannte ... und mit jedem Menschen eine Geschichte.

Ich neige dazu, alles von der lustigen Seite zu sehen, auch wenn die Ideen mancher Kunden sehr sonderbar sind! Oft haben meine Arbeitskollegen und Mitarbeiter gesagt: „Darüber könnte man ein Buch schreiben!"

Nun, hier ist sie: die Geschichte eines kleinen Dorfladens irgendwo in der Schweiz, wo die Welt noch einigermaßen heil ist, wo man noch weiß, was recht und unrecht ist, was normal und was daneben ist ...

Ob sie nun wahr ist oder nicht, das überlasse ich ihrer Fantasie! Wie immer im Leben gilt: wer sich betroffen fühlt, könnte es sein …

Karierte Hemden

Der absolute Klassiker im Laden sind die „Karierten Hemden" – meistens in Verbindung mit zu kurzen Hosen und einem dämlichen Schlapphut mit Werbeaufdruck. Diese Menschen scheinen eine ganz besondere Spezies zu sein - vermutlich wurden sie schon mal in einem Laden verprügelt - anders kann ich mir nicht erklären, warum sie nicht hereinkommen.

Diese Leute öffnen die Türe nur einen kleinen Spalt weit und fragen: „Haben sie kein Bier?"

Sie sprechen IMMER in der Negativform. Keiner würde fragen: „Haben sie Bier?" Vielleicht befürchten sie, man könnte ihnen mit einem knappen „Ja" antworten und sie müssten dann fragen: „Wo haben sie es denn?"

Warum kommen die „Karierten Hemden" nicht einfach herein, schauen sich um, nehmen das Bier aus dem Kühlschrank und kommen an die Kasse?

Der Laden ist lediglich so groß wie eine große Wohnung; auf die 15 Meter Mehrstrecke sollte es ihnen eigentlich nicht ankommen …

Hat er sein kühles Nass endlich in der Hand, so fällt Mutti ein, dass sie eigentlich auch noch Durst hat. „Haben sie kein Wasser?"

Grrr … mit einem freundlichen Gesicht zeigt man den „Karierten Hemden" das Wasser. Welches sie wohl nehmen? Nach reiflicher Überlegung entscheiden sie sich ganz spontan für das billigste! "Das schmeckt mir schon seit Jahren am Besten!" sagen sie mit einem verlegenen Lächeln.

An der Kasse stellen sich die „Karierten Hemden" als etwas vom Kompliziertesten heraus: Beide Getränke werden separat bezahlt (ich zahle ihm doch nicht sein Bier!).

Allerdings erst nachdem beide den Inhalt ihres Rucksacks fein säuberlich auf dem Kassenband ausgebreitet haben, um nach längerer Suche zu bemerken, dass sie das Geld ja im Bauchbeutel verstaut haben …

Und natürlich brauchen sie einen kleinen Plastiksack, um alles hinauszutragen … naja, ich möchte meine Bierdose ja auch nicht zu dem durchgeschwitzten Pullover in den Rucksack packen …

Vor dem Laden steht ein Brunnen; dorthin ziehen sich die „Karierten Hemden" zur Nahrungsaufnahme gern zurück; die leere Wasserflasche wird am Brunnen noch einmal aufgefüllt, aber erst nachdem man die Ladentüre einen kleinen Spalt weit geöffnet hat, und wieder aus sicherer Distanz fragt: „Ist das kein Trinkwasser im Brunnen?"

Taschengeld

Theorie 1: Taschengeld hat zwei grundsätzliche Eigenschaften: Es ist immer knapp und es muss immer weg!

Theorie 2: Je jünger der Besitzer, desto mehr trifft Theorie 1 zu!

Ich glaube, die Kinder von heute sind nicht anders, als wir mal waren, nur die Möglichkeiten sind anders ... und die Kinder von heute sind informiert!

Oder wie kommt sonst eine 6-jährige zu der Aussage: „Capri Sonne ist vom Institut Fresenius geprüft und für gesund befunden worden!"?

Wer Geld hat, hat Freunde, viele Freunde. Jonas auch! Solange er Taschengeld hat, begleiten ihn seine fünf Freunde in den Laden. Jeder darf etwas aussuchen! Energy Drinks und Cola Dosen stehen hoch im Kurs. Dazu kommen bis ans Ende des Taschengeldes Gummischlangen und -Krokodile.

Es geht immer auf ... und wenn noch zehn Rappen übrig sind, dann werden zwei Zwanzigerschlangen zurückgetan und dafür ein Fünfzigerkrokodil genommen. Hauptsache, kein Restgeld.

Eine clevere Art, das Taschengeld zu strecken, haben einige (vorwiegend) Mädchen drauf: Kommen mit Mutti in den Laden, legen Dinge für sich in den Korb und sagen dann: ups, ich habe mein Geld nicht dabei – ich zahle es dir zuhause zurück (denkt: wenn ich 20 bin) ... jaja ...

Eine noch höhere Erfolgschance haben die Mädchen, wenn anstelle der Mama der Papa dabei ist. Und keine Chance, wenn Mama und Papa dabei sind.

Ganz raffiniert macht es Max; er muss immer für die Mama einkaufen. Er ist sieben Jahre alt und sehr aufgeweckt.

Er kommt herein, grüßt und fragt, wo er die Dinge findet, die auf dem Zettel stehen. Und immer hat er zu viel Geld dabei. Er braucht aber im Gegensatz zu anderen kein Taschengeld; er kauft sich die Süßigkeiten vom Restgeld seiner Mutter.

Und glauben sie mir: Restgeld hat die gleichen Eigenschaften wie Taschengeld! Nur in größeren Dimensionen: Es gibt Toblerone und andere Schokoladetafeln, die großen Chips Tüten, die großen Cola Flaschen ...

Und versuchen sie mal, so einen entschlossenen „Verbraucher" zu stoppen! Keine Chance! „Weißt du, meine Mama mag das auch gern!"

Pitralon

Kennen sie Pitralon? Das Aftershave, welches so sonderbar riecht? Eine Mischung aus Nitroverdünner und Veilchen? Man findet dieses noch bei den 70-jährigen Friseuren, in der Drogerie bei den Flaschen mit dem Totenkopf ... oder bei uns im Dorfladen! Als junger, dynamischer Einzelhändler versuchte ich, dieses Produkt aus dem Regal verschwinden zu lassen ... oha, Fehlentscheidung!! Oder haben sie jemals versucht, einem 86-jährigen ein neues Aftershave zu verkaufen?

Eher bringt man die Regierung dazu, keine Steuern mehr zu verlangen.

Wie auch immer ... die Herren kaufen es auch schön regelmäßig – was mich wiederum sehr erstaunt: Wie kann man eine ätzende Substanz in so großer Menge ins Gesicht schmieren, ohne dass sich die Haut ablöst? Mir reicht eine Flasche Aftershave sehr lange; Pitralon kaufen meine Kunden mehrmals im Jahr ...

Ich habe meine Theorie: durch das Mindestalter von 80 Jahren, gekoppelt mit der vorausgehenden Angst vor dem brennenden Schmerz, ergibt sich ein starker Schütteleffekt; der Selbsterhaltungstrieb des Körpers versucht, soviel wie möglich zu verschütten und somit fließen regelmäßig einige Liter Pitralon in die Kanalisation ... was die Nachfrage erhöht. Etwas, was es wiederum zu einem guten Produkt für den Einzelhandel macht.

Pitralon hat aber natürlich auch seine guten Seiten! Ohne hinzusehen, weiß ich, dass ein alter Mann im Laden steht ... und falls sich mal einer verirrt ... den finden wir!

Und es gibt übrigens für ältere Frauen ein ähnliches Produkt: markant in der Note, schwer in der Luft hängend, ideal zum Auffinden der Damen im Laden ... dieses tragen sie allerdings nicht am Körper, sondern an den Mänteln; es ist auch in der Drogerie im Giftschrank untergebracht .. und raten sie mal?!

Natürlich, in unserem Dorfladen gibt es auch Mottenkugeln ...

Lasagne Verdi

Kennen sie das Gefühl, beobachtet zu werden? Die stechenden Blicke von hinten links? Immer wenn man konzentriert an einer Bestellung ist, den Bestellblock in der Hand, das Auge im Kühlregal und die Gedanken bei den Joghurt ...

Immer von links hinten kommend, wie im Kino bei Dolby Surround Sound, grußlos, eine Stimme die mich aus den Bifidusträumen reißt: „Sie, warum steht auf der Lasagne „Verdi“??“

Ich, benommen wie nach 5 Sekunden Weckerklingeln: „hmmm???“

Die Stimme erneut, aber im Gegensatz zum Kino nicht von links hinten oben sondern von links hinten unten: „Warum steht auf der Lasagne „Verdi“, wenn Fleisch abgebildet ist?“

Meine Gedanken verlassen das Kühlregal, erwärmen sich und mit einem Blick über die Lesebrille, drehe ich mich um und sage: „Guten Morgen, was möchten sie wissen?“

Ich fühle mich mächtig, allwissend und sehr weise, sah die kleine Frau fragend an.

„Warum steht auf der Lasagne „Verdi“, wenn Fleisch abgebildet ist?“

‚Vielleicht ist grünes Fleisch drin‘ schoss es mir durch den Kopf ...‘Warum bilden sie nicht einen Hund ab und nennen die Lasagne „Wiwaldi“ …‘

Wahrscheinlich ist es der kühlen Temperatur in der Molkereiabteilung zu verdanken, dass meine Gedanken schneller als der Mund waren … gerade noch rechtzeitig fiel mir ein: „ Gemüselasagne heißt „Verdure“, „Verdi“ bezieht sich auf die grünen Teigblätter!“

Die kleine Frau schaut mich an, als ob ich Antennen aus Schokolade auf dem Kopf hätte, brummelt etwas wie: „… ach so ...“ und wendet sich ab.

Die Lasagne in der Hand haltend ging sie zur Kasse …

Der Dorfladen ist klein, auch in der hintersten Ecke kann man hören (wenn man will), was an der Kasse gesprochen wird.

„Sie, warum steht auf der Lasagne „Verdi“, wenn Fleisch abgebildet ist …?“, fragt sie die Kassiererin …

Viertel vor 12

Wissen sie, wann die beste Zeit zum Einkaufen ist? Natürlich, Viertel vor 12! So viele Rentner können sich nicht irren! Natürlich: Wer will schon einen Tagesablauf ändern, welcher nach 20 Jahren eine Mischung aus Gewohnheitsrecht und Tradition geworden ist?

Da kommt doch die liebe Frau Müller Viertel vor 12 ... muss das Mittagessen einkaufen für den nächsten Tag – etwas, das sie auf dem Kochherd lassen kann, während sie einkauft!

Das ist effizient! Statt neben dem Herd zu warten, bis das Gemüse gar ist, nutzt sie die Zeit mit einkaufen. Und kauft, was sie am nächsten Tag auf den Herd stellen kann, während sie für den folgenden einkauft!

Ich habe volles Verständnis für diese Menschen – die Freizeit ist knapp und der Sohn muss in der kurzen Mittagspause etwas Gutes essen. Und dass sich die Mama da noch Zeit nimmt, trotz des Stresses richtig zu kochen, finde ich wirklich bewundernswert! Zumal Frau Müller bereits 78 Jahre alt ist …

Ich kann ohne Uhr leben; ich weiß, wenn diese oder jene Person den Laden betritt, welche Uhrzeit es ist.

Wenn Frau Huber am Samstag in den Laden kommt und gemütlich einkauft, ist Viertel vor drei; wenn sie vor der Käsetheke steht, ist fünf vor drei … wenn sie eine Fonduemischung bestellt, ist zwei Minuten vor …

Sie ist sehr zuverlässig – sogar als wir die Ladenöffnungszeiten erweiterten, konnten wir uns darauf verlassen; pünktlich Viertel vor vier erscheint sie am Samstag seither.

In unserem Dorfladen findet man alles für den täglichen Bedarf. Für Kleider, Bücher und andere Dinge muss ich aber auch andere Geschäfte besuchen. Manchmal gehe ich deshalb bereits um halb zwölf weg und lasse mein Personal alleine – so bin ich um Viertel vor 12 in der Stadt und kann gemütlich meine Einkäufe erledigen …

Rentner

Rentner, so hat einmal ein schlauer Kopf gesagt, seien der Beweis, dass es auch unterhalb des Existenzminimums Leben gäbe!

Rentner sind die Kundengruppe mit dem breitesten Spektrum – manche mit 80 Jahren absolut selbstständig und entschuldigen sich für ihre „Unbeholfenheit“ wenn sie etwas nicht finden und deshalb nachfragen müssen.

Wieder andere sind mit 60 nicht mehr „überlebensfähig“. Sie finden gar nichts ohne Hilfe, zeigt man es ihnen, so jammern sie rum, das habe früher anders ausgesehen und überhaupt sei alles besser gewesen … (was sie sonst noch erzählen weiß ich gar nicht, wenn ich das Wort „früher“ höre, schalte ich mein Gehör ab - erst das klimpern von Geld aktiviert es wieder).

Alte Menschen verschwenden nichts; sie geben das Geld so genau wie nur möglich … und wenn sie auf der Suche nach dem Kleingeld einen Stau von 10

Kunden verursachen – sie suchen und schütteln … vergessen, wie viel sie eigentlich suchen … um nach langen Minuten festzustellen: Es reicht nicht mit dem Kleingeld!

Dabei sind sie begeistert: „So viele Kunden, die hier einkaufen, der Laden läuft ja super … bloß muss man an der Kasse manchmal recht lange warten ...! Früher war das anders …!“

Einige haben auch ein sehr ausgeklügeltes System entwickelt, wie man den Einkaufswagen belädt und am Ende alles in die Taschen und Körbe laden kann. Da wird die Einkaufsliste nach der Ladeneinrichtung geschrieben, alles genau in dieser Reihenfolge eingepackt und nach Hause geschleppt.

Manchmal, wenn es uns im Laden langweilig ist, überlegen wir uns, wie wir am meisten „Systemkunden“ verwirren können! Wir beginnen dann ganz langsam und räumen ein Regal aus und verschieben eine ganze Warengruppe; sie glauben gar nicht, wie viel Aufregung wir so verursachen können.

Oft wissen die Systemkunden besser, was wo gestanden hat, als wir selbst! Verblüfft hat mich allerdings die Kundin, welche auf die letzte Veränderung reagierte mit den Worten: „Vor 15 Jahren war die Konfitüre auch schon in diesem Regal!“

Das konnte ich natürlich nicht so stehen lassen; seither bestelle ich ihre Lieblingskonfitüre nicht mehr! Die hat es vor 15 Jahren nämlich noch nicht gegeben!

Ich mag keine Besserwisser!

Autofahrer

Der Dorfladen lebt zu einem großen Teil von Kunden, welche nicht mehr mobil sind oder sich nicht mehr mit dem Auto in die Stadt trauen. Und oft sind es ihresgleichen, die ebendiese Gefahr ausmachen.

Als ich so darüber nachdachte, sah ich, wie mein Auto vor dem Laden sich bewegte … und wieder bewegte … was war da los?

Ich ging raus und sah (na, was wohl??) eine 80-Jährige in ihrem verbeulten Mercedes, welche zum dritten Mal Anlauf nimmt, um mein Auto wegzuschieben!!

Na, der wollte ich helfen … sie hatte das Seitenfenster offen, und ich brülle sie an, sie solle doch sofort anhalten!

„Warum?“ „Weil sie mein Auto so nicht wegschieben können!“ Sie schaut mich an wie meine Großmutter an Weihnachten, das Geschenk hinter dem Rücken haltend und fragend, ob ich ein Geschenk haben möchte.

„Ich habe ihr Auto doch nicht berührt! “sagte sie mit unschuldiger Mine. „Ach so, dann war das wohl ein Erdbeben, welches das Duftbäumchen in meinem Auto immer noch herumwirbeln lässt?“ „Ich habe nichts bemerkt!“ ... Ich bezweifelte nicht, dass sie nichts bemerkt hatte.

Ich stellte mich vor mein Auto, um ihr zu zeigen, wie weit sie zurückfahren konnte - und mit einem Sprung zur Seite konnte ich meine Beine gerade noch zwischen den Stoßstangen wegretten!

Mein Duftbäumchen wackelte wieder, als ihr Auto endlich zum Stehen kam ... meine Stoßstange hatte einen Riss und hing herunter ... blödes Erdbeben ...!

Ohne sich darum zu kümmern, fuhr sie los, wendete auf der schmalen Straße (Blumentöpfe wurden durch das Erdbeben umgestoßen) und brauste an mir vorbei ... falsche Richtung in der Einbahnstraße.

Naja, zwei Wochen später habe ich erfahren, dass sie den Führerschein freiwillig abgegeben hatte ... zu viel Gegenverkehr im Dorf!

Bio-logisch

Ich liebe Biokunden, ganz im Ernst! Selten eine Kundengruppe (Kundensegment habe ich auf einem Managementseminar mal gelernt) (ja, auch ich als Basisintellektueller kenne solche Wörter!) widerspricht sich an den eigenen Argumenten selbst. Ich habe begonnen, dieses Kundensegment in drei Kategorien einzuteilen - die Echten, die Richtigen und die Überzeugten.

Die Echten erkennt man daran, dass sie nur Bio kaufen und dafür mit einem Erdgasauto in die nächste Stadt in den Reformladen fahren.

Die Richtigen haben kein Auto und lassen sich die Bioprodukte liefern; und sie wissen auch immer, was man in diesem Dorfladen noch anders machen könnte, um noch mehr Biokunden anzusprechen (wo die allerdings herkommen sollen, können sie selbst nicht erklären – vermutlich aus der Stadt – was wiederum den Nutzen von Bio egalisieren würde.)

Und dann noch die Überzeugten; sie sind allwissend und überzeugt davon, das einzig Richtige zu tun. Und wie es Allwissende so an sich haben, predigen sie ihre Überzeugung lauthals in der Gegend herum (manche Allwissenden anderer Wissensrichtung bauen sich dafür große Häuser mit Glockentürmen). Die Bio-Allwissenden sind derart überzeugt von Bio, dass sie in einer gewissen Weise die Logik vergessen (seltsam: heißt doch bio-logisch??).

Da kam doch kürzlich eine Überzeugte zu mir, pflanzte sich in ihrem Wollpulli vor mich hin und sagte, sie wolle biologischen Zucker.

Ich, bereits durch den Pulli leicht provoziert, linste über meine Brille auf sie herab, lächelte sie an, seufzte hörbar und fragte: „Warum um alles in der Welt wollen sie Biozucker?“ „Weil dieser besser ist für die Umwelt und besser für die Gesundheit!“ Naja, Gesundheitsvorsorge kann ich unterstützen; vielleicht müsste sie dann nicht mehr im Juli in einem Wollpulli rumlaufen ...

„Was denken sie? Ist es für die Umwelt sinnvoller, wenn man kurze Wege fahren muss oder weite?“ fragte ich. „Der biologische Zucker wird importiert, ist etwa 1000km unterwegs; der Nichtbiologische wird aus Zuckerrüben aus dem Dorf in der 20km entfernten Zuckerfabrik hergestellt ...“ „Aber Bio ist gesünder“ entgegnete sie mir ganz bestimmt, „ich nehme gleich 10 Kilo!“

Kunde ist König – ich bestellte ihr den Zucker; ob sie es glauben oder nicht: Sie trägt den Wollpulli nicht mehr! Dafür ein T-Shirt aus dem Brockenhaus – ich hatte in der 3. Klasse auch so eins – orange und braune Querstreifen! Na warte, für die bestelle ich keinen Biozucker mehr, und wenn es noch so ungesund für sie ist! Der Pulli war tausendmal schöner …

Fremdsprachen

Unser Dorfladen steht in einer Touristenregion; wer hier arbeitet, spricht nebst Deutsch mindestens Französisch, Englisch, Italienisch, Spanisch und Japanisch ... Naja, Spanisch ist die einzige Sprache, die ich nicht spreche; und der Rest kommt mir persönlich etwas spanisch vor!

Immerhin, in Englisch kann ich mich verständigen und in Französisch höre ich doch interessiert zu; mit meinem „erhabenen“ Blick über die Brille gebe ich dem Gegenüber dann zu verstehen, dass ich eigentlich nichts verstanden habe und er gefälligst die Sprache wechseln soll; was allerdings bei französischsprachigen Menschen ein Problem ist, da sie grundsätzlich nur in ihrer Muttersprache kommunizieren … Ignoranten ...

Nach zwei oder drei Galliern brauche ich nichts dringender als einen Germanen, äh, deutschen Touristen, der glaubt, in der französischsprachigen Schweiz zu sein. Getreu meiner Methodik habe ich die Germanen in meinem Laden in zwei Kategorien eingeteilt: den Deutschen und den Fremdsprachenkönnenden.

Der Deutsche kommt herein und spricht Deutsch; egal ob er in Spanien, Frankreich, Amerika oder eben in der Schweiz ist.

Der Fremdsprachenkönnende kommt in den Laden und spricht mich mit „Bonschuur“ an. Ich grüße ihn mit einem wortlosen Blick (ja, über die Brille hinweg) und warte mal ab, bis er etwas fragen will.

Interessant wird es für mich, wenn sie paarweise kommen und sich in Deutsch absprechen, was sie mich nun auf Französisch fragen wollen; üblicherweise macht das die Mutti ... Ich weiß ja, was sie wissen wollen, deshalb kann ich großzügig „oui“ sagen und ihnen das Gesuchte geben. In der Regel sind sie froh, dass ich nicht mehr als ein „oui“ sage, denn damit wären die meisten überfordert. Jaja, ich selbst natürlich auch!

Spätestens an der Kasse nenne ich ihnen dann den Betrag in Deutsch ... den Fremdsprachenkönnenden fällt das aber dann gar nicht mehr auf, sie packen ihre Dinge zusammen und verlassen den Laden mit einem „orewar“ wieder und ich sage dann jeweils „tschüss “… so habe ich auch meinen Spaß im Alltag!

Und dann gibt es Tage wie diesen, wenn sich die Gallier die Klinke in die Hand geben ... kein Wort Deutsch, viele Fragen und viel Gerede … gerade bei guten Kunden (solche mit Geld) bemühe ich mich natürlich schon ein wenig und suche alle Wörter zusammen ... doch genau dann geschieht es: Sie verabschieden sich mit “auf Wiedersehen!“ in lupenreinem Deutsch ...

Na warte, der nächste Fremdsprachenkönnende wird’s büßen … Gerechtigkeit muss sein!

Gören

An manchen Tagen kommen die Frauen mit ihren Kindern in den Laden; normalerweise mit den ganz Kleinen.

Man kann Kinder in zwei Gruppen einteilen: in Kinder und in Gören.

Die Kinder sind ganz süß; schieben der Mama den Einkaufswagen, gehen zurück und holen die vergessene Milch. Sie grüßen ganz artig und benehmen sich sehr anständig. Kinder sind etwas ganz Besonderes; man begegnet ihnen normalerweise so alle fünf Jahre einmal.

Die weiter verbreitete Gruppe, die Gören, trifft man auf Schritt und Tritt! Als erstes rennen sie durch den ganzen Laden, wer die Runde am schnellsten gemacht hat, ist Sieger! Die Hardcorevariante davon: wer mehr Schaden produziert ist Sieger! Nach dem Zieleinlauf bei Mutti und einer ersten Ermahnung machen sie die zweite Runde – diesmal mit Einkaufswagen.

Üblicherweise wird Mutti jetzt einschreiten, weil sie den Wagen selber braucht ... und unter Androhung, den Laden verlassen zu müssen, werden die Gören zum

Dableiben gezwungen.

Nun beginnt der Psychoterrorteil: „Ich will Schokolade!“ „Nein!“ “Doch!“ „Nein!“ „Doch!“ „Nein!“ „Doch!“ „Nein!“ „Doch!“ „Nein!“ „Doch!“ „Nein!“ „Doch!“ „Also gut, aber dann ist Schluss!“

Wenig später: „Ich will was zu trinken!“ „Nein!“ „Doch!“ „Nein!“ „Doch!“ „Nein!“ „Doch!“ „Nein!“ „Doch!“ „Wenn du nicht aufhörst, schimpft der Herr vom Laden mit dir...!“ Na, das mag ich doch! Mich als Bedrohung für meine Kunden von Morgen darstellen! Na warte Mutti …

Ich blicke dann jeweils die Gören über meine Brille hinweg an … mein Blick sagt: „Pass jetzt genau auf und lass mich nicht aus den Augen...!“

Glauben sie mir, die Gören verstehen mich!! Mutti ist zufrieden, ihre Gören wurden wieder zu Kindern … ohne mich aus den Augen zu lassen. Kurz vor der Kasse steht die Eis Truhe … ich positioniere mich dann jeweils auf der Rückseite, und wenn Mutti mit den Kindern davor steht, sage ich zu ihr: „Haben sie gesehen, wir haben neues Eis bekommen, ist ganz lecker...!“

Die Augen der Kinder kleben an meinen Lippen (Mutti wollte es schließlich so) … ihre Augen funkeln … „na, ihre Kinder waren heute aber wieder besonders lieb!“ dopple ich nach …

Diese Geschichte hat zwei Enden: Entweder habe ich mehr in der Kasse oder Mutti hat ihre Gören wieder … aber diesmal zuhause! Gewonnen habe ich auf jeden Fall!

Lehrer

Immer wieder gibt es Anlässe, welche von Lehrern organisiert werden – Sommerlager, Skilager, Pfingstlager und was weiß ich alles ...

Solche Anlässe sind für einen Dorfladen eine interessante Herausforderung! Es fängt damit an, dass immer mehrere Lehrer sich diese Aufgabe teilen.

Üblicherweise bestellen sie ihre Waren 2 Tage vor dem Anlass – auch wenn bereits seit einem Jahr der neue Termin steht ... Lehrer sind sehr gut organisiert; in unzähligen Sitzungen werden die Aufgaben verteilt, jeder bekommt die Aufgabe, welche am besten zu ihm passt – um dann, so etwa eine Woche davor, trotzdem plötzlich für dasjenige zuständig zu sein, welches er oder sie bereits im Vorjahr recht gut erledigt hat.

Was ich an den Bestellungen wirklich liebe: Sie sind immer in schriftlicher Form vorhanden! Auf einen Blick sehe ich, welches Fach der Lehrer unterrichtet, welcher die Liste verfasst hat.

Mathematiklehrer schreiben immer in Zahlen: 22 Äpfel, 5 Pack Zucker, 2 Gurken, 1 Glas Konfitüre. Die Mengenangaben werden immer in auf- oder absteigender Größe sortiert; dass es Warengruppen gibt, interessiert einen Mathematiker nicht.

Deutschlehrer schreiben immer alles aus; zweiundzwanzig Äpfel, fünf Pack Zucker, zwei Gurken … das Ganze natürlich in Schlangensätzen …

Geografie Lehrer sortieren die Artikel immer nach Herkunftsland; naja, das ignoriere ich jeweils einfach …

Lehrer treten beim Bestellen grundsätzlich in Rudeln auf; sie wirken sehr kompetent und gut vorbereitet. Was ich in solchen Situationen besonders liebe, ist, wenn sie mich belehren wollen; da wollen mir doch die paar Pädagogen sagen, wie ich meinen Job zu machen habe! Ich bleibe grundsätzlich ruhig, blicke sie über meine Brille hinweg an. Sie kennen den Blick bereits, schüttle den Kopf vielsagend, seufze laut … und hole den Lieferschein vom letzten Jahr hervor.

„Machen wir es wieder so, wie letztes Mal?“ frage ich eher rhetorisch als eine negative Antwort erwartend. Manchmal braucht es noch einen zweiten Blick meinerseits, üblicherweise schauen sich die Anwesenden etwas ratlos an, und sobald der Erste nickt, schreibe ich den Liefertermin auf den Schein vom letzten Jahr. So einfach geht das …

Und wenn nach dem Anlass einer reklamiert, dieses oder jenes habe gefehlt, dann sage ich einfach: „Das dürfen sie nächstes Jahr aber nicht wieder vergessen, wenn sie die Bestellung schreiben..!“ Das wirkt immer!

Die Kaffeemühle

Erinnern sie sich an die alte Kaffeemühle, welche immer im Dorfladen steht?

Vor fünfundzwanzig Jahren zum letzten Mal gereinigt, vor fünf Jahren zuletzt benutzt ... auf dem Typenschild die Herstelleradresse aus einer Zeit, als es noch keine Vorwahl brauchte. Genau so eine, vielleicht sogar der Prototyp davon, steht bei uns im Geschäft.

Über Generationen weitergegeben, Tag für Tag … mit einem einzigen Unterbruch von einer Woche!

Als dynamischer Jungunternehmer versucht man ja, die Quadratmeterrendite zu steigern und alles, was keinen Ertrag abwirft, durch etwas Sinnvolleres zu ersetzen. Also musste die alte Dame ihren Platz räumen; schließlich wurde sie ja nie benutzt und jedes zweite Mal, wenn sie eingeschaltet wurde, knallten die Sicherungen durch. Meiner Idee, das gute Ding an ein Antiquitätengeschäft zu verkaufen, gepaart mit meiner Trägheit solche Dinge später zu erledigen, ist es zu verdanken, dass ich sie immer noch habe!

Montagmorgen, kurz nach Ladenöffnung, hörte ich einen Schrei!

„Wo ist die Kaffeemühle hingekommen?!“ Ich war noch nicht ganz wach, glaubte zu träumen … ‘das Ding war gerade 10 Minuten weg, kann ja nicht sein, dass das jemand bemerkt ...‘ dachte ich gerade, als mich eine kleine ältere Dame von hinten anbrüllt: „Wo ist die Kaffeemühle hingekommen?!“

Es gibt ein paar Dinge, die ich nicht ausstehen kann; kleine, ältere, brüllende Damen am Montagmorgen vor meinem fünften Kaffee auf nüchternen Magen, gehören dazu.

Ich drehte mich langsam um und sah sie sehr strafend an. „Guten Morgen“ sagte ich, „wo hat man sie den rausgelassen?“. Sie brauchte kein Make-up, ihr Gesicht färbte sich zusehends. „Wo ist die Kaffeemühle hingekommen?!“ schnaubte sie mich an.

Ein weiteres Ding, das ich nicht ausstehen kann: Nicht grüßen, wenn ich bereits gegrüßt habe! Meine sprichwörtliche Freundlichkeit schmolz wie Eis in der Sonne. “Die steht dort, wo sie schon lange stehen sollte: im Alteisen! Direkt neben einer alten Schachtel, welche mich nicht grüßen wollte!“

Das war zuviel! Sie bekam die Beleidigung gar nicht mit, glaube ich wenigstens, machte auf dem Absatz kehrt und verließ den Laden wieder. Ich wusste gar nicht, dass man die Türe derart zuknallen konnte … naja, vielleicht hat sie ja doch etwas mitbekommen …

Nach einer Tafel Schokolade und meinem fünften Kaffee hatte ich wieder normalen Blutdruck und konnte nicht glauben, was ich im Laden hörte! „Wo ist die Kaffeemühle hingekommen?!“, diesmal von einer jüngeren Dame.

„Defekt“ stammelte ich …

Wie auch immer, nach einer Woche hatte ich genug … die gute, alte Kaffeemühle steht wieder auf demselben Platz wie vor 100 Jahren, wird alle 25 Jahre gereinigt und Frieden ist ... ich kann ja so nett sein!

Außendienstmitarbeiter

Als privater Dorfladen wird man auch gelegentlich von Außendienstmitarbeitern heim … ähm … besucht. Ich unterscheide da in zwei Kategorien: die Guten und die Anderen. Die Guten zeichnen sich dadurch aus, dass sie die Ladentüre fast nicht öffnen können, weil sie mit derart vielen Werbegeschenken und Bonusware ausgestattet sind. Sie kontrollieren meine Ware auf Verfalldaten und tauschen entsprechende Artikel aus, zeigen mir neue Produkte und belohnen das Vorhandensein ihres Sortimentes mit Geschenken.

Und dann gibt es eben die Anderen; unnötig, nichts dabei als einen flotten Spruch auf den Lippen; meist vor meinem fünften Kaffee – wer mich ein bisschen kennt, weiß, was das heißt …

Es war wieder einer dieser Tage: Montagmorgen, Satzbehälter voll, Wassertank leer, keine Kaffeebohnen nachgefüllt … nasskaltes Juliwetter, der Gemüselieferant hatte den Wagen wiedermal zu hoch beladen … knapp aufgestanden und auf dem Weg das extrem belebende Licht einer Radaranlage im Gesicht, der reservierte Parkplatz besetzt … zwei Mal die Finger zwischen den Kisten eingeklemmt und noch keine Aussicht auf den dritten Kaffee ...

Und dann kommt ein „Anderer" in den Laden … „Wunderschönen Guten Morgen wünsche ich, alles klar bei ihnen, schon frisch und munter?" sang er mir entgegen. „Hmpf" brachte ich heraus. „Haben sie eine Sekunde Zeit, sich unsere wunderbare Neuheit anzuschauen?" Ich schaute ihn langsam an, guckte über meine Brille zu ihm hinauf. ‚Ein GROMADUSA' dachte ich (großer, magerer, dummer Sack) ...

Wie konnte man nur so viele Fehler auf einmal machen? Falsche Zeit, falscher Ort, falsches Aussehen, ich wusste nicht, wer er war, für welche Firma und … rosa Hemd!! „Nein, ich bin im Stress!" sagte ich. „Ach, sie wissen ja, wie das ist! Stress macht man sich selbst!" strahlte mich der Marienkäfer an.

Das war etwa so wie die Unterschrift auf einem Bild von Picasso – die absolute Vollendung eines wirren Morgens. „Da haben sie völlig recht" sagte ich ruhig „Stress macht man sich selbst – zum Beispiel dadurch, dass man Vertreter ohne Anmeldung empfängt, sich von solchen vollquatschen lässt über ein Produkt, welches weder schön, noch gut, geschweige denn koffeinhaltig ist ...!" Seine Gesichtsfarbe veränderte sich zusehends; irgendwann hatte sie dieselbe Farbe wie sein Hemd … aber nur kurz ... er wurde noch blasser!

Wenn schon mein Morgen nicht gut war, so brauchte er schon ganz bestimmt keinen … allerdings: Nachdem er den Laden verlassen hatte, ging es mir richtig gut, obwohl ich erst bei der vierten Tasse war.

Männerhandtaschen

Mitarbeiterinnen neigen manchmal dazu, sich nicht genau so zu verhalten, wie man es als Vorgesetzter erwartet. Das musste ich schon oft feststellen! Naja, über Intelligenz braucht man ja nicht zu diskutieren – sie ist auch sehr gerecht verteilt – ich habe noch keinen gehört, der sich beklagt hat, zu wenig davon bekommen zu haben ... Dazu kommt, dass manche Menschen einfach einen ganz anderen Gedankengang haben als … naja, ich zum Beispiel.

Sandra war so eine, die ganz anders dachte als ich … und die meisten Menschen, die ich kenne! Ein Beispiel: zum Stichwort Apfel denken die meisten an eine grüne, gelbe oder rote, runde Frucht – Sandra an Schneewittchen ... oder beim Wort Auto kam sie zwangsläufig auf „Leiche im Kofferraum"!

So kam es, dass ein Mann um die Fünfzig den Laden betrat, eine braune, lederne Männerhandtasche unter den Arm geklemmt. Sandra hat ihn genau beobachtet; mit diesem Typen stimmte etwas nicht …Wir haben ein Klingelsignal, damit die Kassiererin jederzeit Hilfe rufen kann, wenn sie ein Problem hat.

Wie der Mann an der Kasse ankam, klingelte es sofort; ich ging zu ihr hin und fragte, was denn los sei? Ohne den Kunden an der Kasse zu beachten, öffnete sie die Schublade, griff hinein und drückte mir sämtliche Noten, welche sich darin befanden, in die Hand und sagte: „Ich habe zu viel drin ..!" ‚Naja, wenn sie meint, ‘dachte ich so bei mir ‚dann nehme ich das Geld mal mit und räume es in den Tresor, ist ja eh besser, nicht zu viel in der Kasse zu haben.‘ Gleich darauf klingelte sie wieder. „Kann ich bitte das Geld wieder für die Kasse haben? Ich kann nicht mehr herausgeben ..." sagte sie mit zittriger Stimme.

Ich fragte sie, was denn los sei? „Hast du nicht gesehen? Der Typ hatte eine Pistolentasche unter dem Arm!" Nun war ich mit meinen Gedanken auch nicht mehr besonders schnell; diesen Satz musste ich nochmal durch den Kopf gehen lassen. Hatte sie wirklich das gesagt, was ich verstanden hatte? Ich musste lachen, Sandra schaute mich mit großen Augen an. „Warum lachst du? Ich fand das nicht komisch ..!" „Das war keine Pistolentasche, sondern eine Schwulentasche!"

Stille …"Meinst du wirklich?? Der war doch nicht …"

Sandras Welt war aus den Fugen; erst ein ausführliches Gespräch unter vier Augen konnte sie wieder beruhigen … Nach einer Stunde glaubte sie mir endlich, dass es weder eine Schwulen-, noch eine Pistolentasche war …

Als uns dieser Kunde das nächste Mal besuchte, konnte ich es mir nicht verkneifen, zu Sandra zu sagen: „Ich bin mir jetzt aber doch nicht ganz sicher, ob es nicht doch …"

Tierfutter

Ja, natürlich lieben wir sie alle; die süßen kleinen Kätzchen und Hündchen ... manch graues Haar hab ich euch zu verdanken! (Jaja, ich weiß, ich sollte froh sein um jedes graue Haar ...!)

Wer je in einem Laden gearbeitet hat, kann hier nur bestätigen: wenn Mutti einen Hund hat, ist das Mutti ziemlich egal, wenn es Vatis Lieblingswurst nicht gibt; aber wehe dem, der vergisst, Pedigree Pal in der großen Dose zu bestellen!!

Wieder mal so ein Tag: „Warum haben sie nur die kleine Dose Pal?“ „Um sie zu ärgern! Sie ist aber bestellt und wird am Dienstag geliefert.“

„Na gut, ich habe noch genug für einen Monat ...“ Am Dienstagmorgen das gleiche Theater: „Haben sie jetzt die großen Dosen endlich wieder?“ „Nein, die Ware wird heute Vormittag mal geliefert, ich weiß nicht genau, wann sie ankommt ... aber morgen ist das Regal sicher aufgefüllt.“ Und wie erwartet, keine großen Pal Dosen in der Lieferung ... Lieferschein kontrollieren: Keine Fehllieferung ... Bestellung kontrollieren ... ups ... nicht bestellt worden ...

Jetzt aber eine gute Ausrede einfallen lassen! Unglaublich: Mittwochmorgen; zwischen viertem und fünftem Kaffee, ich knapp ansprechbar, höre ich die Stimme schon „Jetzt fehlt die große Pal Dose schon wieder! Das ist doch ein Saftladen!“ (So was nehme ich persönlich!) Ich sah auf die Dame herab, holte tief Luft ... und wurde verblüfft!

„Entschuldigen sie, so habe ich es nicht gemeint, ich kaufe jetzt zwei kleine Dosen,“ sagte sie kleinlaut „die sind auch viel praktischer, als die Großen!“ Ich vergaß fast zu atmen ... damit hatte ich nicht gerechnet.

Naja, seither gibt es die großen Dosen in meinem Laden nicht mehr; schließlich gibt es mehr Geld, wenn sie zwei kleine Dosen kauft. Im Pausenraum machte ich mir kurz darauf Tasse 5; während diese aus der Maschine tropfte, übte ich vor dem Spiegel den Blick – der muss mir derart gut gelungen sein, dass ich damit endlich die Kunden beeinflussen konnte. Eine Mitarbeiterin, welche gerade in den Pausenraum trat, beobachtete mich etwas skeptisch und verschwand sofort wieder ... sie machte ihre Pause erst, als ich wieder fertig war.

Wenig später, wieder am Tierfutterregal, wurde ich schon wieder angesprochen.

„Haben sie kein Sheba mit Lachs mehr?“ „Wenn es nicht im Regal ist, nicht!“

„Und im Lager?“ „Nein, wenn es nicht im Regal ist, haben wir keins mehr!“ antwortete ich noch ruhig. „Können sie nicht nachschauen gehen?“ „Meine liebe Dame, das könnte ich tun, aber es würde nichts nützen, weil ich kein Katzenfutter im Lager habe! Und ich laufe nun einmal nicht gerne umsonst in der Gegend herum!“ Ich drehte mich um und ging davon. Ich hörte aber noch, wie sie etwas von „arrogant“ und „Idiot“ brummte ...

Nun raten sie mal, wie lange ihre Katze auf Sheba mit Lachs warten musste ...

eigentlich wartet sie noch immer!

Alkoholiker

Ich bin doch schon ein paar Jahre im Geschäft und kenne meine Kunden. Und ich kenne die Menschen recht gut. Mir kann man nichts vormachen. Alkoholiker gibt es überall und in jeder Gesellschaftsschicht.

Mir kann man aber auch wirklich alles erzählen, wie die Kundin, die jeden Tag eine Flasche Cognac kaufte – zum Kochen, wie sie immer wieder betonte! Und wenn sie mal zwei Flaschen brauchte, so ließ sie eine als Geschenk verpacken. Haha.

Sie gehört, wie viele andere, in die Gruppe der Heimlichen; sie versuchen immer, abzulenken: manche (die mag ich mehr) kaufen ihren Alkohol flaschenweise und verstecken ihn unter einer Menge Lebensmittel (das gibt Geld).

Andere (die mag ich gar nicht) kaufen ihre Flaschen überall und bringen mir nur das Leergut zurück.

Und dann gibt es die Unheimlichen; zu 99% männlich, Dosenbiertrinker.

Einer unserer Stammkunden ist John, ein Amerikaner, welcher Privatklassen in Englisch unterrichtet. Er kommt jeden Morgen und kauft je nach Klassengröße 24 oder 48 Dosen; er trinkt sie nicht selbst, nein, das bestreitet er jeden Morgen!

Er kann fast nicht verstehen, dass seine „Students“ so durstig sind; aber man muss der Kundschaft schließlich etwas bieten.

Eine Faustregel besagt ja: sieben Flaschen Bier ersetzen eine Mahlzeit – aber dann hat man noch nichts getrunken!

Ich persönlich vertrage Alkohol schlecht; mehr als 15 Dosen Bier bekomme ich nicht runter und morgens habe ich dann immer eine Lederallergie! Kennen sie nicht? Die Schuhe im Bett noch an und Kopfschmerzen davon!

Nach solchen „Selbstversuchen“ gibt es natürlich kein Krankfeiern; eisern schleppe ich mich in den Laden, mache aber nicht überall Licht; Lederallergie und Helligkeit verträgt sich schlecht! Ich brauche ziemlich viel Kaffee, schwarz, stark, keinen Lärm und keinen John!!

Ich habe bis heute nicht herausgefunden, ob er an solchen Morgen wirklich lauter spricht oder ob es mir nur so vorkommt ... und wenn ich seine Bierkartons im Lager hole und die Dosen sehe, dann gurgelt es in meinem Magen.

Ich möchte jetzt keinen Unterricht!

Lebensmittelkontrolle

Als aktiver Jungunternehmer eines aufstrebenden Kleingewerbebetriebes war es mir immer ein großes Anliegen, auch mit den Behörden eine gute Basis zu haben.

Die Lebensmittelkontrolle ist in der Schweiz ein Buch mit sieben Siegeln; jeder Kanton hat eine eigene Auslegung der nationalen Lebensmittelverordnung. Und die Kontrollen werden durch ausgebildete Inspektoren im Nebenamt durchgeführt.

Wenn man Glück hat, ist der zuständige Beamte vom Fach und hat einen gewissen Sinn für das Praktische. Wenn man es übel trifft, dann ist es ein profilierungssüchtiger Bauarbeiter. Meiner war (raten sie mal!?) das Zweite!

Egal, ich weiß ja, wie man mit solchen Menschen umgehen muss: freundlich und offen!

Zeigen, dass sie wichtig sind. Ihre Fachkompetenz loben. Mit diesem Vorsatz habe ich mich, als ich das Geschäft neu übernommen hatte, ans Telefon gemacht und den Inspektor angerufen; habe ihm erklärt, dass ich es sehr ernst nehme mit den Vorschriften und von ihm als Fachmann persönlich wissen wolle, was zu ändern sei.

Er sagte, dass ihn dies freue und ich solle alles so machen, wie mein Vorgänger, dann hätte ich keine Probleme. Na, das war doch so einfach! Alles so laufen lassen, keine Schwierigkeiten mit dem Personal, so mag ich das!

Ein paar Monate später stand der besagte Inspektor im Laden zu einer Kontrolle. Alles wollte er sehen: Kontrollformulare (welche mein Vorgänger nie hatte, habe ich persönlich eingeführt!), Hygienekonzept, Gefahrenanalyse, Lagerraum, Kühlmöbel, Warendeklarationen, Pausenraum, Personaltoilette, Produktestichproben … alles wunderbar – besser, als ich es übernommen hatte.

Ich war sehr erleichtert, auch die Kühlgeräte versagten nicht im schlechtesten Moment ihren Dienst.

Am Tisch im Pausenraum schrieb er sein Protokoll.

„Macht Fr. 50.00 Busse“ sagte er kühl, als er mir das Protokoll zuschob. Ich glaubte, falsch zu hören.

Ich rückte meine Brille zurecht und las nach. Alles einwandfrei „Warum denn die Busse?“ fragte ich ungläubig. „Der Seifenblock im Pausenraum ist nicht erlaubt, zu unhygienisch, es ist nur Flüssigseife aus dem Spender gestattet.“

Die Seife war von meinem Vorgänger; ich persönlich hasse solche Blockseifen, mir würde nie im Leben einfallen, so etwas zu kaufen!

Nun musste ich genau nachdenken, was ich machte; ich beschloss, dass die Fr.

50.00 vermutlich billiger sind, als den Herrn zu ärgern und alle zwei Monate eine Kontrolle zu haben.

Ein geöffneter Joghurt, welcher Zwecks Temperaturprüfung auf dem Tisch stand, blieb an meinem Ärmel hängen und fiel herunter. Seine Hose und die Schuhe wurden ziemlich vollgespritzt. Manchmal bin ich wirklich ungeschickt.

E-Mail

Die Zeiten, in denen sich der kleine Dorfladen mit einer alten Registrierkasse als „luxuriös ausgestattet“ bezeichnen konnte, sind heute wirklich vorbei. Bestellungen mache ich als dynamischer Kleinunternehmer natürlich über das Internet; die Mailbox wird mindestens einmal pro Woche bearbeitet; schließlich könnte ja eine Bestellung drin sein.

Früher hat mir die Werbung immer den Papierkorb gefüllt! Hunderte von Briefen und Katalogen, viel geschrieben und schöne Bilder – wenig Brauchbares aber immerhin immer etwas im Briefkasten; seit ich eine E-Mailadresse habe, hat sich das nicht geändert – aber zusätzlich füllt sich der Computer auch mit Werbemails.

Mein guter Freund Mr. Kalinghu di Mbsund Hibutu schreibt mir einmal pro Woche, er könne ohne meine Hilfe (oder mindestens meines Kontos) die Millionen Dollar nicht aus dem Land schaffen, ohne dass es der korrupte Präsident an sich reißen würde. Ich schreibe ihm jede Woche zurück, ich könne mich leider nicht mehr an ihn erinnern?! Ob er der Safariführer in Tansania gewesen sei oder der Kellner in Südafrika? Oder gar der Hotelpage aus Kenia?

Ich frage mich, ob er mich einfach nicht versteht: er antwortet nie, sondern schreibt mir jede Woche dieselbe Mail wieder. Naja, wenn er sich nicht helfen lassen will …

Oder der nette John Braun. Er fragte mich doch neulich, ob ich nicht auch so sein möchte wie er. Um das zu erreichen, hat er immer gute Tipps in seinen Mails: Pillen in jeder Form und Größe!

Hallooooo?! Was soll daran erstrebenswert sein, wie John Braun zu sein? Einer der seine Potenz nur noch mit Hilfe von Viagra hat? Und zu kleinem ... (na, sie wissen schon ...)!

Oder die nette Blondine Vanessa, welche mich kürzlich gesehen haben will und sich nun nichts sehnlicher wünscht, als von mir in die Arme genommen zu werden? Leider funktioniert ihre Mailbox nicht – sie hat mir extra einen Zugang auf ihrer Internetseite eingerichtet. Und zu meiner Sicherheit muss ich nur meine Kreditkartennummer angeben und schon bin ich bei ihr. Ich glaube, die meint es ernst; wer sonst würde sich solche Mühe geben, nur um mich kennenzulernen?!

Neee, dann schon lieber Apfelkerne: Die sind gut fürs Hirn! Ehrlich, das habe ich kürzlich einem Mann verkauft: 10 Apfelkerne fürs Hirn für nur Fr. 5.00. Er hat sie sofort eingenommen und gesagt: „Für Fr. 5.00 hätte ich aber auch gleich 2 Kilo Äpfel kaufen können, da hätte ich mehr Kerne gehabt!" „Na, da sehen sie, es wirkt bereits!"

Emanzen

Ich mag es sehr, wenn sich Menschen für eine gute Sache engagieren. Sich hinstellen, von allen belächelt zu werden, nur weil man anderer Meinung ist, das braucht Mut; sich vor mich hinzustellen und sich lächerlich zu machen, ist Leichtsinn!

So kam es, dass ich in eine Diskussion verwickelt wurde über Männer und Frauen. Drei Frauen hackten gerade auf dem haushaltstechnischen Wissensstand ihrer Ehemänner rum. Ich konnte es mir wieder mal nicht verkneifen, eine Bemerkung zu machen.

Einige Worte, die ich verwendete: angeborenes Talent (erzeugte Stirnrunzeln), mehr Zeit (änderte Gesichtsfarbe), Hierarchie (entlockte Schnauben) und Frauen wollen es doch so, damit sie lästern können (brachte das Fass zum Überlaufen).

Die drei Damen kamen mir vor wie Hühner, die auf der Flucht vor dem Traktor quer über den Hof rennen. Jede wollte die Erste sein, jede die Lauteste, jede die Beste ... und jede wollte mir ein Auge auspicken!

Ich stellte mein Gehör auf Durchzug, ließ kommen, was da kommen wollte. Zwischendurch blieb dennoch das eine oder andere Wort hängen ... Männer ... alle gleich ... Schweine ... zu nichts nütze ... Machos ... nicht überlebensfähig ...

Ich weiß nicht, wie lange sie so weitermachten; irgendwann war Ruhe und die Drei starrten mich an (vermutlich wurde ich etwas gefragt).

Was tut man(n) auf eine Frage? Richtig: Antworten! „Ich bleibe dabei, jede bekommt den Mann, den sie verdient!" Aufgrund der Reaktionen habe ich angenommen, die Frage relativ gut beantwortet zu haben; sie gackerten wieder los!

Irgendwann fiel ihnen ein, dass sie ja schon lange zuhause sein sollten, weil der Mann ja sein Mittagessen brauche und sie eigentlich schon zu lange unterwegs waren.

Im Laden hatten wir ein super Angebot: 10 Kilo Kartoffeln zum Sparpreis. Eine der drei Henn... Damen kaufte solch einen Sack.

An der Kasse angekommen, fragte sie mich, ob ich ihr nicht helfen könnte, die Kartoffeln ins Auto zu tragen. (Ach, konnte man Männer nun plötzlich doch noch brauchen?)

Sie öffnete ihren Kofferraum und ich stellte den Sack hinter dem Auto ab. „Möchten sie nun männliche oder weibliche Kartoffeln?“ fragte ich. Sie sah mich leicht gereizt an. „Weibliche“ schnauzte sie ...

Ich riss den Sack auf und schüttete ihr die Kartoffeln in den Kofferraum. „Was soll das?“ schrie sie mich an.

„Na, sie wollten weibliche Kartoffeln, die sind nun mal ohne Sack …“

Warnhinweise

Die neuen Warnhinweise auf den Zigarettenpackungen haben mich zum Grübeln gebracht.

Nicht das Rauchen aufzugeben, nein, weitere Warnhinweise anzubringen, auf freiwilliger Basis! Zum Beispiel auf Schokolade: „Schokolade macht dick!“ oder auf Fleisch: „Fleisch ist für Tiere tödlich“. Oder auf Karotten: „Das Essen von Karotten entzieht den Hasen das Futter“.

Auf Büchern: „Lesen kann ihre Meinung, und die Meinung der in ihrem Umfeld lebenden Menschen, beeinflussen!“

Ganz bewusst nicht in der Möglichkeitsform; auf den Zigaretten steht ja auch nicht: „Rauchen kann tödlich sein“, sondern „Rauchen ist tödlich“!

Erinnern sie sich noch an die Werbung für Milch? Die Aussage: „Milch gibt starke Knochen!?“ Diese wurde verboten; eine heilende, respektive gesunde Wirkung darf auf Lebensmitteln nicht verwendet werden, außer das Produkt geht (in der Schweiz) über die IKS und wird als Heilmittel verkauft.

Dass Milch eine positive Wirkung auf die Knochen hat, ist unbestritten, glaube ich.

Nun meine Frage: Ist es gestattet auf Zigaretten zu schreiben sie seien tödlich, wenn dies nicht in jedem Fall so ist? Ich kenne eine große Anzahl Menschen, welche trotz Tabakkonsum leben!

Oder sind Zigaretten tatsächlich tödlich? Müssten Zigaretten dann nicht verboten werden? Sollte man Zigaretten nicht sogar als Waffen bezeichnen? Einen Zigarettentragschein einführen? Den Export von Zigaretten verbieten, weil sie für terroristische Zwecke verwendet werden könnten? Darf man Zigaretten an Suizidgefährdete abgeben?

Und wie wäre es in Amerika? Können Menschen, welche trotz Rauchens nicht gestorben sind, die Tabakfirmen verklagen, weil die Aussage auf dem Päckchen nicht wahr ist?

Da fällt mir auf: die englischen Wörter: Lawyer (Anwalt) und Liar (Lügner) werden fast gleich geschrieben und ausgesprochen …

Ich glaube, ich bin zu nachdenklich! Warum wurde ich nicht gewarnt: Denken belastet das Gehirn?!

Brüder und Schwestern

Viele Automobilisten wünschen sich ein Cabrio – ich bin's! Was gibt es Schöneres, als sich die Sonne ungebremst aufs Hirn brennen zu lassen?

Neulich kam so ein kleiner Typ in den Laden, olivgrüne Bomberjacke, Tarnanzughose, Springerstiefel und Sonnenbrand auf der höchsten Stelle des Körpers.

„Tschau“ sagte er zu mir in einem freundschaftlich, kollegialen Ton. Ich sah ihn über meine Brille hinweg an …“hmmm“ raunte ich.

„Hast du reines, deutsches Bier?“ fragte er. Mit einer Kopfbewegung verwies ich ihn in die hintere Ecke, wo der Kühlschrank steht. Er marschierte zielstrebig los, holte seine Dose Bier und ging damit zur Kasse.

Nachdem er bezahlt hatte, kam er wieder zu mir und sagte: „Ich wünsche dir einen erfolgreichen Tag, Kumpel!“ Hatte ihn die Sonne zu tief erwischt? „Kennen wir uns??“ frage ich. Er zuckte mit den Schultern. „Sind wir nicht alle Brüder und Schwestern? Fühlen und denken das Gleiche?“ „Manche mehr und manche weniger - ich nicht!“ antwortete ich. Ich denke, er verstand es nicht, aber er verließ den Laden wieder.

Ein paar Tage später betrat ein junger Mann den Laden; rosa Pulli, dezent geschminkt, tänzelnder Gang. Ich war an der Kasse und er säuselte: „Hey, geht es dir gut?“ „Kennen wir uns?“ fragte ich.

„Sind wir nicht alle Brüder und Schwestern? Fühlen und denken das Gleiche?“ Ich war kurz sprachlos. „Manche mehr und manche weniger - ich nicht!“ Sichtlich enttäuscht, packte er seine Einkäufe ein und verließ den Laden wieder.

Gleichentags, etwas später erschien (im wahrsten Sinne des Wortes), eine Familie im Laden. Frau, etwa 35 Jahre alt, graue Haare zum Zopf geflochten, weiße Rüschenbluse, langer, gestreifter Rock; er etwa zehn Jahre älter, grauer Bart, braune Manchesterhose, brauner Wollpulli; im Gefolge, geschätzte zehn Kinder. Auch sie kauften ein paar Dinge ein und an der Kasse sagte er mit fester Stimme: „Gott zum Gruß, mein Freund!“

„Kennen wir uns??“ fragte ich. „Sind wir nicht alle Brüder und Schwestern? Fühlen und denken das Gleiche?“ „Manche mehr und manche weniger - ich nicht!“

„Mein Freund“, begann er „der Herr ist allmächtig und gibt uns unser täglich Brot!“ „Ach ja?“ fragte ich, „und warum müsst ihr es bei mir im Laden kaufen? Und warum ist mein Brotkasten leer, wenn ich abends nach Hause komme? Ich wäre echt froh, wenn euer Meister mein Brot so verstecken würde, dass ich es auch finde!“

Er war kurz davor sich zu bekreuzigen. Sie hatte in der Zwischenzeit eine Broschüre aus ihrer Tasche geholt und streckte sie mir entgegen: „Diese Worte werden sie auf den richtigen Weg führen!“ sagte sie mit milder Stimme. Ich nahm das Heft in die Hand und sagte: „Ach, ein Plan, wo das Brot versteckt wird? Cool..!“

Ohne ein weiteres Wort verließen sie den Laden.

Mir ging der Satz nicht mehr aus dem Kopf: Sind wir nicht alle Brüder und Schwestern? Bei solchen Geschwistern wäre ich gerne ein Einzelkind!

Basispreis

Manchmal ist es schwer, geduldig zu sein, aber manchmal muss auch ich es sein.

Wie neulich, als ich einen neuen Lieferwagen kaufen wollte. Es gab viele Details zu beachten: Wirtschaftlichkeit, Nutzlast, Abmessungen, Preis, Verfügbarkeit und natürlich auch die Optik!

Also habe ich mich auf die Suche nach Prospekten gemacht; jede Marke, welche einigermaßen ansehnliche Autos herstellt, kam in den Genuss, mich mit Werbung einzudecken. Daraus wurde ich nicht wirklich schlau, also ging ich ins erste Autohaus.

Jedes größere Autohaus hat einen Mann unter Vertrag, welcher die Wagen verkaufen soll; sonderbar, offenbar kann ein Mechaniker das nicht (vielleicht weiß er zu viel?)! Aber kennen sie den Unterschied zwischen einem Autoverkäufer und einem Computerverkäufer? Der Computerverkäufer weiß nicht, dass er lügt ...

Es gibt ein paar Dinge, die ich nicht leiden kann; die Konkurrenz schlecht zu machen, ist eine davon!

Ich schließe daraus, dass das Auto nicht besser ist, bloß das der Konkurrenz schlechter! Und warum sagen alle Verkäufer, es seien nur Mitbewerber? Das heißt Konkurrenz! (Das ist auch eines der Dinge ...)

Ich will aber ein besseres Fahrzeug! (Und warum trägt dieser Kerl eine rosa Krawatte?)

Jedenfalls habe ich mich mit dem Design des Autos abgefunden (seine Krawatte ignorierte ich einfach) und den Preis fand ich absolut in Ordnung. Nutzlast stimmte, Wirtschaftlichkeit auch.

Nun ging es ans Rechnen. Schon mal bemerkt? Ab diesem Zeitpunkt gibt's Kaffee! Der Verkäufer rieb sich die Hände und bei mir klingelten süß die ersten Alarmglocken. Er begann den Computer mit Daten zu füttern: Basisfahrzeug, plus Metallicfarbe, plus Zulassung, plus Übergabepauschale.

„So, und was wünschen sie sich jetzt an Sonderausstattung?" „Ist ein Arbeitsfahrzeug, also nur das Nötigste; Radio wird ja wohl drin sein und Sitze?" „Im Basispreis sind Fahrer- und Beifahrersitz dabei!"

Ein Auto hat für mich heute ein Radio mit mindestens einem CD-Spieler drin, fünf Sitze, elektrische Fensterheber und Außenspiegel sowie Zentralverriegelung mit Fernbedienung. Das erachte ich als Standard - er sah das anders! Er gab hemmungslos alles ein, was ich aufzählte – es sei absolut kein Problem!

Schließlich druckte er mir ein Blatt aus und tatsächlich; das Auto hatte alles, was ich mir wünschte (nur schön war es immer noch nicht)!

Ganz unten fand ich den Kaufpreis. Ich trank meinen Kaffee und schluckte leer. Der Preis hat sich gut verdoppelt.

Naja, wenn mich das Auto schon so viel kostet, dann schaue ich doch gleich bei Mercedes rein, die gefallen mir dann wenigstens und der Preis ist derselbe.

Auch dort begrüßte mich ein netter Herr mit (sie ahnen es schon) rosa Krawatte! In diesem Autohaus habe ich den Kaffee sofort erhalten! Ich fragte, ob es dieses Modell wirklich schon für diesen Preis gäbe? „Ja, natürlich, das ist der Basispreis!"

Vielleicht ahnen sie es schon: Ich fahre noch heute mit meinem alten Bus!

Telefonverkauf

Sie kennen das bestimmt auch; man erwartet einen Anruf und tatsächlich klingelt es nach einigen Minuten. Die Nummer natürlich unterdrückt. Und sie werden fünf Minuten lang zugetextet, bevor sie sagen können, dass sich der Anrufer verwählt hat!

Es gibt drei Möglichkeiten. Variante 1: der Anrufer hat sich wirklich verwählt! Das ist der Idealfall – dann ist das Zuhören nach 5 Minuten vorbei und sie müssen weder etwas kaufen, noch Vorwürfe hören, dass sie sich zu wenig gemeldet haben.

In Variante 2 ist es ein Verwandter (mehrheitlich weiblich) der sich beklagt, dass sie sich nie melden (100% weiblich) - dann dauert das Gespräch länger, aber sie müssen nichts kaufen!

Variante 3: In dieser Version gibt es allerdings drei Untergruppen: a: Sie haben gewonnen, b: Sie werden gewinnen c: Wenn sie etwas kaufen, können sie gewinnen.

Wenn sie gewonnen haben (nein, sie werden den Preis nie sehen, außer ihr Gewinn ist eine Gratisdemonstration eines Gerätes, das sie kaufen müssen!), dann müssen sie nichts sagen, außer Ja und Nein - das dauert lediglich so lange, bis sie entweder auflegen oder einen Termin ausmachen.

Variante b ist fast immer eine Lottogesellschaft – und sie werden gewinnen, wenn sie mitspielen. Sagen sie Nein, werden sie gefragt, ob sie denn nicht reich werden wollen. Darauf antworte ich jeweils mit den Worten: „Naja, wenn man so schnell reich werden könnte, würden sie ja wohl nicht am Telefon sitzen und Leute zum Mitmachen überreden müssen!“ Wie viele haben wohl nach dem Gespräch mit mir ihren Job gekündigt und nur noch die Millionen genossen?

Kürzlich habe ich einen Anruf der Variante c erhalten. „Ich habe exklusiv für sie einen Posten Wein reserviert, welcher aus dem Empfang des Britischen Königshauses übriggeblieben ist! Sie, und nur sie haben jetzt die Möglichkeit, eine ganz kleine Menge von 180 Flaschen zu beziehen! Wie finden sie das?“

„Wissen sie eigentlich, wohin sie angerufen haben?“ fragte ich. „Ja, natürlich, einen Glückspilz und äußerst wichtigen Genießer!“ Zeit, den Schleim vom Hörer wegzuwischen! „Sie haben hier in ein Lebensmittelgeschäft mit Weinhandlung angerufen!“

Stille „ … ähm ... öhh … natürlich können auch Wiederverkäufer von diesem Spezialangebot profitieren … oh, gerade höre ich, dass die Weine alle bereits verkauft wurden … tut mir leid.!“

Ach ja, den Anruf, den sie erwarten, erhalten sie grundsätzlich erst am nächsten Tag!

Alles nicht echt

Ist ihnen schon mal aufgefallen, wie viele Dinge nicht echt sind? Täglich begegnen uns Menschen mit „Korrekturen“: künstliche Fingernägel, Silikonbusen, Push-Up Büstenhalter, Streifenmuster. Die Menschen versuchen anders auszusehen, als es der Zahn der Zeit erlaubt.

Alles nicht echt …

Oder der Schmuck! Wie viele Luxusuhren begegnen uns heute in der Stadt? Wie viele Schweizer Uhren haben wohl den helvetischen Boden erstmals am Flughafen betreten? Aber man sagt ja heute auch nicht mehr „Fälschung“ sondern Replikat, ein echtes Rolex-Replikat aus Südostasien. Alles nicht echt …

Bündnerfleisch aus Argentinien, Helvetia Mineralwasser aus Deutschland, Emmentaler Käse aus Holland, Schweizer Edamer, Schweizer Schokolade (Made in EU) … Alles nicht echt …

Über 50% der Ehen werden geschieden! Bis dass der Tod uns scheidet versprochen und dann … trotzdem abgebrochen … falsche Gefühle … Alles nicht echt …

„Gute Zeiten, Schlechte Zeiten“, Rosamunde Pilcher und wie sie auch immer alle heißen; im Fernsehen wird uns tagtäglich vorgelogen. Manchmal wird die Werbung ja sogar von kurzen Filmsequenzen unterbrochen (Hauptprogram nennt sich das in der Fachsprache).

Wunderschöne Frau, ledig, mit Kind im Internat, trifft auf wunderschönen Mann, ledig und Single – 30 Minuten später heiraten sie und erben dafür das Schloss! Alles nicht echt …

Werbung will uns erzählen, dass man mit einem einzigen Reiniger alles machen kann: das ganze Haus, inklusive Auto, Fahrrad, Hundehütte und Meerschweinchen putzen ohne die geringste Anstrengung und am Ende ist sogar der Husten weg! Alles nicht echt …

Und da kam neulich ein dunkelhäutiger Mann in den Laden, ging durch den ganzen Laden und kaufte ein paar Dinge ein; ganz am Schluss legte er eine Dose mit schwarzer Schuhcreme aufs Band. Wie ein Blitz schoss es mir durch den Kopf. Bitte nicht - das darf doch nicht wahr sein …

Anschreiben

Haben sie das auch schon erlebt? Einkaufen, der Wagen oder der Korb ist voll und ihre Brieftasche leer wie meine Lunge nach 5 Minuten Marathon?

Im Dorfladen ist das ja nicht schlimm – man kennt sich ja, kann anschreiben lassen und es am nächsten Tag bezahlen.

Sie werden es kaum erraten: Ich habe diese Kunden in 3 Kategorien eingeteilt. Die erste Gruppe (und mir die liebste) sind die Kunden, welche dermaßen ein schlechtes Gewissen haben, dass sie ihre Einkäufe stehen lassen und sofort nach Hause rennen, um Geld zu holen – manchmal bin ich dennoch so gütig, dass sie die Waren mitnehmen dürfen. Diese Kunden rennen auch sofort wieder zurück in den Laden und bezahlen ihren Einkauf.

Die zweite Gruppe, die mag ich auch immer noch; diese Menschen sagen an der Kasse, dass es ihnen sehr leidtue und fragen, ob sie es anderntags bezahlen dürften.

Und dann gibt es die dritte Gruppe (sie erraten es: die mag ich nicht!). Diese Gruppe nenne ich die „Normalen"; für sie ist es völlig normal, dass man Kredit nehmen kann. Sie fragen nicht danach – sie sagen: „Ich bezahle es ein andermal".

Äußerst selten gibt ein „Normaler" einen Termin an, meist bleibt es kumpelhaft unverbindlich. Es sind genau diese Menschen, welche man nach einem Monat (vorher sieht man sie eh nicht mehr im Laden!), darauf angesprochen werden müssen, sie hätten noch etwas vergessen.

Der Ladenbesitzer hat eine Chance von 25%, dass sich der „Normale" an den Betrag erinnert und diesen auch sofort begleicht (außer, er hat auch diesmal zu wenig Geld dabei). Weitere 25%, dass sich der Kunde nicht erinnert, aber weil er den Zettel höchstpersönlich unterschrieben hat, diesen akzeptiert. Und zu guter Letzt gibt es eine 50-%-Chance, dass sich der Kunde weder erinnert, noch die Unterschrift wiedererkennen kann, geschweige denn genügend Geld dabei hat.

Natürlich versuchen das auch immer wieder Schüler. Zu wenig Taschengeld, also lassen wir es anschreiben. Nun ja, das ist ein Problem: Kinder dürfen rechtlich keinen Kreditvertrag abschließen. Andererseits: Wenn Kinder bei mir einkaufen wollen, so muss ich das irgendwie unterstützen. Ich habe deshalb eine ganz einfache Methode entwickelt: Ich mache mit jedem der nicht sofort bezahlen kann, einen Kreditvertrag. Dieser muss vor dem Einkauf durch die Eltern unterschrieben sein und deren Telefonnummer enthalten. Ohne Vertrag – keinen Kredit! Was denken sie, wie viele Verträge ich zurück erhalten habe? Richtig! Keinen einzigen!

Wenn ich mir das so überlege, fällt mir ein, dass ich die „Normalen" auch so behandeln sollte ... aber welche Telefonnummer? Die der Kinder? Oder der Eltern?

Weihnachten

Bestimmt kennen sie das auch: Ganz überraschend schleichen sich die Feiertage in den Kalender.

Plötzlich, ohne Vorzeichen, steht Weihnachten vor der Tür.

Es gibt 3 verschiedene (merken sie etwas?) Typen von Kunden am 24. Dezember!

1. Die Strategen. Diese Menschen haben die Feiertage durchgeplant! Bereits eine Woche vorher schleppen sie alles nach Hause, was man irgendwie essen könnte, schließlich bleibt der Laden 2 Tage geschlossen; überleben ist nur möglich, wenn man wirklich gut organisiert ist.

Am 24. Dezember erscheinen sie immer am frühen Morgen; sie kaufen dann noch die Frischprodukte, Salat und alles, was am Vortag gekauft, die Feiertage nicht überstehen würde. Ob sie wohl wissen, dass sie den Salatrest vom Gestern kaufen?

Während sie ihre Listen noch einmal kontrollieren, geraten sie schon zwischen Typ 2, die Spontanen. Diese stehen am 24. Dezember zwischen 10 und 15 Uhr im Laden. Gemütlich füllen sie ihre Einkaufswagen und suchen alles zusammen, um die zwei Tage ohne Dorfladen zu überstehen. Sie kommen grundsätzlich drei Mal an diesem Tag ins Geschäft. Zuerst ganz normal, bemerken dann, dass ja eben Weihnachten ist, und kaufen in Runde zwei das Feiertagsspezialprogramm.

Die dritte Runde brauchen sie dann, um all die Dinge zu kaufen, die sie brauchen, weil Gäste kommen. Die Spontanen gibt es noch in einer Untervariante: Diejenigen, die an der Kasse sagen: „So, das war's jetzt aber wirklich!", die kommen noch ein viertes Mal!

Und dann gibt es noch die dritte Gruppe! Wer mich kennt, ahnt es schon! Die mag ich nicht! Das sind die Panischen! Diese sind immer gleichzeitig mit den Spontanen der Runde drei im Laden.

Die Panischen suchen alles: eine Idee, wie man das Fest gestalten könnte, das komplette Menü für 2 Tage und die passenden Geschenke! Dazu die Anleitung, wie man das Festessen kocht, was man dazu trinkt und wo man es in unserem Laden findet. Und gegen Schluss wird rumgemotzt, dass es so teuer ist, dass das passende Geschenk für Mutti nicht dabei ist und Weihnachten immer so stressig ist.

Ich versuche immer, diese turbulente Zeit für mich zu verschönern. Dann spiele ich Wagenrochade. Ich schnappe mir den Einkaufswagen eines Panischen und tausche ihn gegen den eines Spontanen. Das sollten sie mal erleben! Eine Stunde vor Ladenschluss gibt es nichts Vergnüglicheres! Ganz besonders witzig ist es, wenn beide den Wagentausch erst bemerken, nachdem sie schon ein paar weitere Dinge reingelegt haben …

Eine Viertelstunde vor Ladenschluss hat es fast nur noch Männer (und Rentner) im Laden auf der Suche nach einem Geschenk für die Mutti. Natürlich gibt es das was er sucht nicht mehr (eigentlich weiß er nicht, was er sucht), aber genau dann, wenn er eine Idee hat, schnappt ihm ein Spontaner der Untergruppe das Letzte weg.

Und er kauft Pralinen, wie jedes Jahr!

Streusalz

Es gibt unter den paar tausend Artikeln im Sortiment eines Dorfladens immer wieder Sonderfälle; Artikel, welche in keine Warengruppe passen und dennoch im Laden erwartet werden. Artikel, welche nie benötigt werden, wenn sie aber einmal fehlen eine mittlere Katastrophe bedeuten. Wenigstens für die Menschen, denen dieser Artikel im dümmsten Moment fehlt. Streusalz zum Beispiel.

Genau wie bei Winterreifen bemerkt man erst, dass es Zeit wäre, wenn man zum zweiten Mal die Einfahrt hinunterrutscht ... (in Seenähe eher unangenehm)!

Also, was tun? In den Dorfladen und mich erst mal angiften, ob es hier denn kein Streusalz gebe!?

Raten sie mal, wie ich darauf reagiere? Natürlich, mit Bosheit! Solchen Typen gebe ich dann jeweils mein „Geheimrezept" bekannt: Eine 20Liter Gießkanne mit 99°C warmem (keinesfalls kochendem!) Wasser füllen und 10 Gramm Kochsalz darin auflösen. Anschließend 100 Gramm Kaffeesatz einrühren. Diese Wundermischung etwa 15 Minuten gut umrühren und dann gleichmäßig auf der vereisten Stelle verteilen.

Können sie sich vorstellen, welche Probleme der Anwender bekämpfen darf? 20 Liter heißes Wasser in eine Gießkanne füllen ist eine Kunst für sich. Sollte dies trotzdem gelingen und die Gießkanne die Hitze überstehen, so könnte man das Salz zugeben; 10 Gramm auf 20 Liter Wasser könnte man auch einem Tee hinzufügenn – man würde es nicht spüren – und der Kaffeesatz? Naja, das gibt auf der enteisten Fläche eine nette Farbe.

Dieses Gebräu auf dem Hausplatz löst ganz bestimmt Eis und Schnee, um dann in einer schön glatten Fläche wieder zu vereisen.

Natürlich gibt es im Dorfladen Streusalz, um das Eis aufzutauen – aber nur für Kunden, welche anständig fragen!

Neulich kam allerdings eine Unfreundliche an Gehhilfen und mit Gips in den Laden; sie habe mein Rezept ausprobiert und als Folge davon sei sie auf der Eisfläche ausgerutscht, drei Wochen im Spital gewesen und müsse mir nun sagen, dass es nicht geklappt habe.

Ich habe sie mitleidig angelächelt und gefragt: „Haben sie eine Plastikgießkanne benutzt?" „Ja!" „Und die hat sich nicht verformt?" „Nein, sie hat sich nicht verformt." „Sehen sie, das ist das Problem: nicht heiß genug! Kein Wunder hat es nicht funktioniert! Nehmen sie nächstes Mal eine Metallgießkanne und wirklich 99°C warmes Wasser!"

Ich kann ja so hilfsbereit sein!

Hintergrundmusik

Bestimmt kennen sie das auch: das ewig gleiche, einlullende Gedudel von Hintergrundmusik in einem Laden. Wissen sie, was noch unangenehmer ist? (Ja, ich, morgens um zehn Uhr ohne meine fünf Kaffees, aber ich habe an etwas anderes gedacht!) Keine Musik im Laden!

Das Dröhnen der Kühlgeräte, das monotone Piepsen der Kasse, das Getratsche der Frauen und das Plärren der Bälger! Alles wird so deutlich, ja fast bedrohlich!

Als junger, dynamischer Ladenbesitzer kaufte ich mir deshalb eine kleine Stereoanlage und richtete mir den Sound ein; CD-Spieler inklusive, so kann man zu Weihnachten ein Spezialprogramm laufen lassen oder gegebenenfalls Werbespots abspielen.

Zunächst stellte ich auf Radio. Lokalradio, gemäßigtes Musikprogramm, Nachrichten und Wetter. Wissen sie, was Lokalradios auch senden?

Richtig: Werbung! Und zwar die der Konkurrenz! Also Senderwechsel.

Kaum umgeschaltet, sprach mich eine Kundin an: „Wissen sie eigentlich, dass ich nur hier einkaufe, weil es hier bisher keine Hintergrundmusik gab? Wenn sie das laufen lassen, werde ich nicht mehr kommen!" „Wissen sie, wie unausstehlich ich werde, wenn keine Musik läuft?" fragte ich

„Naja, schlimmer kann's ja nicht werden ...!" war ihre Antwort!

Nach etwas Schokolade und Kaffee endete meine Schnappatmung und ich konnte wieder sprechen.

Na warte; das hatte sie nicht umsonst gesagt! Ja, ich gebe es zu, manchmal höre ich gerne die Musik der Gruppe Rammstein. Im vollen Bewusstsein, dass diese Musik (ja, manche Menschen nennen es nicht einmal Musik) nicht allen Leuten gefällt und schon relativ sicher nicht einer 65-jährigen Frau, holte ich eine CD aus dem Auto und legte diese in den Player der Stereoanlage ein und steckte die Fernbedienung in meine Schürzentasche.

Kurz danach sprach mich wieder jemand an; diesmal ein Mann mittleren Alters. Er wollte wissen, wer in diesem Laden verantwortlich sei.

Als er es herausgefunden hatte, sagte er zu mir: „Nett, dass hier ein Radio läuft! Bestimmt haben sie es nicht absichtlich nicht angemeldet!?“

Er streckte mir seinen Ausweis entgegen, Gebühreneintreibung. Natürlich habe ich die Anmeldung nicht absichtlich versäumt!! Schließlich hatte ich das Radio auch erst an diesem Tag eingerichtet. Natürlich hatte er das Anmeldeformular gleich dabei und wusste auch, dass gewerblicher Empfang teurer ist, als privater.

Er brauchte nicht lange, meine Unterschrift auf dem Dokument genügte und er war zufrieden. Mein Tag konnte nur noch besser werden! Als die Türe aufging und meine Hintergrundmusik-Hassende-Kundin den Laden wieder betrat, wurde er es auch ...

Ich kenne keinen anderen Dorfladen, bei welchem Rammstein als Hintergrundmusik läuft, geschweige denn wie bei mir als Vordergrundmusik ... seither immer, wenn sie kommt!

Schokohasen

Wissen sie, welches die Haupteigenschaften von Schokolade-Osterhasen sind?

Sie sind immer zu klein, zu teuer, in der falschen Farbe und Form. Es hat immer zu wenig davon, und wenn man doch mal den richtigen findet, ist er kaputt! Nun können sie sich bestimmt vorstellen, wie schlimm es für jemanden wie mich ist! Da kommen noch Kundenprobleme dazu! (Oder Problemkunden)

Jedes Jahr kurz vor Ostern, also Ende Januar, sobald die Weihnachtsschokolade endlich verkauft ist, werden die Osterhasen geliefert. Das Schokohasenproblem wird im Laden um folgende Faktoren erweitert: Es hat immer zu viele und kein Mensch will die Dinger im Januar sehen, geschweige denn kaufen.

Osterhasen werden grundsätzlich erst zwei Tage vor Ostern gekauft. Offenbar finden meine Kunden es sehr witzig, zu sehen, wie ich mir Sorgen mache, weil ich keine Hasen verkaufe.

Die einzigen, welche das Regal verlassen, sind die, die vom Regal fallen und einen Genickbruch erleiden. Diese werden von den Mitarbeiterinnen jeweils auf meinem Schreibtisch deponiert. Grundsätzlich immer genau in der Farbe, auf welche ich gerade keine Lust habe. Glücklicherweise ist Schokolade ein Gemüse! (Nicht gewusst? Hauptbestandteile sind Kakaobohne = Bohne = Gemüse und Zucker aus der Zuckerrübe = Rübe = Gemüse; daneben noch Vanille, eine Pflanze und Milch, in der Kuh aus Gras gewonnen, also Gemüse)! Wie oft wurde mir schon gesagt, ich solle mehr Gemüse essen?!

Am Ostersamstag bricht bei vielen Kunden Panik aus: Es hat nur noch 35 verschiedene Hasenformen – jeweils in braun, schwarz, weiß und gefleckt, also keine Auswahl mehr.

Haben sie jemals ein ernsthaftes Verkaufsgespräch über Schokolade-Osterhasen geführt? Versucht, Kundenwünsche zu ermitteln? Oder gar versucht einen Kunden zum Kauf eines bestimmten Hasen zu bewegen? Manche Menschen glauben wirklich, dass die Ohrenstellung einen Einfluss auf den Geschmack hat und die Farbe der Schokolade direkt auf die Reifung zurückzuführen ist!

Und am Ende kann man ihnen doch einen Hasen andrehen, welchen sie nach langem Überlegen dann aber doch nicht nehmen, weil er zu teuer ist! Manchmal kann ich den Verkauf noch retten, indem ich ganz laut sage: „Was, den können sie sich nicht leisten?!"

Wer mich kennt, weiß, dass ich an solchen Tagen nicht nur viel Kaffee trinke sondern auch ziemlich viel „Gemüse" esse; das beruhigt die Nerven!

Weinkenner

Unwissenheit hindert viele Menschen nicht, große Reden zu schwingen. Dafür gibt es in der Politik genügend Beispiele.

Solchen Menschen kann man auf verschiedene Art begegnen; entweder man lässt sie in ihrem Glauben oder man hält ihnen einen Spiegel vor. Um jemanden zu entlarven oder gar bloßzustellen (ups, wie böse von mir!) benötigt man nicht viel!

Man sollte bloß mehr wissen oder wenigstens noch überzeugender auftreten.

Wie sagte einst Kurt Tucholsky?

„Der Vorteil der Klugheit besteht darin, dass man sich dummstellen kann. Das Gegenteil ist schon schwieriger."

Weinproben, welche wir jeweils im Dorfladen durchführen, nutzen immer wieder ein paar Besserwisser als Bühne. Sie versuchen als große Weinkenner dazustehen und andere damit zu beeindrucken.

Hallo? Nur weil ich eine Etikette lesen kann, kenne ich mich noch lange nicht aus!

An einer solchen Weinprobe hatten sich ein paar „Weinkenner“ am selben Tisch getroffen und sie versuchten sich gegenseitig zu übertrumpfen.

Ich öffnete jeweils die Flasche, erzählte ein paar Dinge über diesen Wein und schenkte dann die Gläser ein; sie prosteten sich zu und schlürften den Wein, als ob es darum ginge, wer der lauteste sei!

Einer wollte Brombeere schmecken, der Andere Kirsche und ein Dritter Karamell. Sie fanden aber alle, dass es ein guter Wein sei, süffig … und als ich ihnen den Preis nannte, fand die Mehrheit ihn eher etwas unpassend zum nächsten Familienfest.

Die Reste in den Gläsern wurden in die Kübel auf dem Tisch geleert und ich präsentierte den Nächsten. Es wurde angegeben und geprüft, gerochen und geschmeckt! Und mehr Mist erzählt, als eine Kuh im Jahr produziert.

Irgendwann kam das Thema Ökologie und Transportwege. Einer sagte: „Ich würde aus ökologischen Gründen niemals einen Wein aus Südamerika kaufen! Das ist doch absoluter Blödsinn, wenn es in Spanien so guten Rioja gibt, Wein aus Argentinien zu importieren!“

Ich fragte ihn darauf, ob er denn wisse, wie der Rioja transportiert werde? „Natürlich, im Lastwagen!“ Worauf ich ihn fragte, was er glaube, wie der Wein aus Argentinien transportiert werde. „Natürlich mit dem Flugzeug! Oder vielleicht mit dem Schiff.“ Ich klärte ihn auf: der Wein braucht keine Eile; Flug ist zu teuer, der kommt mit dem Schiff nach Rotterdam, von dort teilweise auf dem Rhein bis nach Basel ein Teil per Lastwagen. „Was glauben Sie, welcher Wein länger auf der Straße war? Rioja ist 1000 km weiter als Rotterdam.“

Schlussendlich kostete er den Argentinier auch noch … aber der schmecke ihm gar nicht, weil die Südamerikaner keine Ahnung von Wein hätten.

Nachdem alle eine Bestellung aufgegeben hatten, appellierte ich an die Weinkenner, einen exklusiven Tropfen zu versuchen und herauszufinden, um was für einen Wein es sich handle. Herkunft, Trauben und Jahrgang wolle ich wissen; wer es herausfinde, erhalte seine Bestellung umsonst. Im Wissen, dass sie auf jeden Fall die Bestellung gratis hätten, erhöhten die Meisten ihre Bestellmengen.

Nun wollte jeder der Beste sein; sie einigten sich, dass es Südfrankreich sein müsse; bei den Trauben hatte jeder eine eigene Meinung. Merlot und Cabernet, einige schmeckten Grenache, wieder andere Tempranillo. Der Jahrgang war umstritten. Nach einer Weile musste jeder seinen Tipp abgeben.

Gewonnen hat keiner; ich hatte ihnen die Reste aus dem Eimer in eine Flasche gefüllt und serviert; zum Glück hatten sie schon bestellt!

Jedenfalls war schnell Feierabend ...

Banken

Als ich meinen ersten Laden kaufen wollte, habe ich mich darum bemüht, Geld von einer Bank zu bekommen. In der Schweiz, so dachte ich, wo es mehr Banken als Kühe gibt, sollte das doch kein Problem sein.

Eben ... dachte ich! Zuallererst musste ich mich schlau machen, welche Banken in nützlicher Nähe des Ladens lagen. Ich wollte mit den Kassenablieferungen ja nicht zu weit gehen müssen.

Ohne Scheu ging ich hin und fragte nach, was es denn für Finanzierungsmöglichkeiten gebe. Mir wurde mitgeteilt, dass dies absolut kein Problem sei und dass ich bloß einen Businessplan einreichen müsse; eine Vorlage durfte ich mitnehmen.

Zuhause studierte ich die Vorlage. Nach ein paar Stunden lesen und nachdenken, im Lexikon Wörter nachschlagen und Freunde anrufen, legte ich das Blatt wieder weg. Nach einigen Kaffees versuchte ich es noch einmal zu verstehen und beschloss dann, alle Wörter, welche ich verstand, in meinem eigenen Businessplan einfließen zu lassen. So saß ich da mit meinen 50 Worten - und versuchte einen 150 Seiten starken Geschäftsplan für die nächsten 25 Jahre zu erstellen. Langsam dämmerte mir, warum so viele Firmen so viele Studierte anstellen mussten und warum deren Pläne oft so realitätsfremd sind.

Nun, irgendwie habe ich es doch zu Papier gebracht und für eine saubere Darstellung und ansprechende Optik gesorgt. Ich habe die Dossiers an alle Banken in der näheren Umgebung gesandt. Damit ich mit den Konkurrenzofferten die Konditionen verbessern konnte. Dachte ich.

Durch diese Übung habe ich Folgendes gelernt: Banken kann man in drei Kategorien einteilen (merken sie etwas?): die, die nicht wollen, die die zwar wollen, aber nicht können und die, die nicht können!

Die, die nicht wollen, sind die Verbreitetsten: Mit einem Dreizeiler haben solche Banken meinen Businessplan abgewiesen – eher eine Empfangsbestätigung als ein Lösungsansatz; dafür wusste ich, woran ich war.

Die zweite Kategorie war sofort bereit, ein persönliches Gespräch zu führen, sobald der zuständige Mitarbeiter aus dem Urlaub zurück war und seine Pendenzen aufgearbeitet hatte. So etwa in 2 Monaten würde er sich dann melden.

Kategorie drei war da viel offener: Drei Tage nach einem persönlichen Gespräch, verfügte ich bereits über ein Konto bei dieser Bank. Ohne Kredit, aber immerhin! Kredit würde ich sofort erhalten, wenn ich ein Vermögen gleicher Summe als Sicherheit hinterlegen würde! Wenn ich das könnte, wäre ich ja wohl nicht hier!

Nach 5 Jahren Geschäftstätigkeit sah es ganz anders aus: Alle Banken wollten mich als Kunden, der Businessplan war nicht mehr wichtig.

Kredit? Nein, den gibt's bis heute nicht ohne Sicherheit! Aber Kunde dürfte ich werden und das Institut für den Geldverkehr benutzen.

Irgendwie sind mir Kühe sympathischer!

Ladenhüter

Jeder Laden, egal ob Dorfladen oder Supermarkt, kennt sie, die Ladenhüter!

Das sind Artikel ohne Verfallsdatum, welche über Generationen vom Ladenbesitzer oder Filialleiter weiter „vererbt" werden, ohne dass sie verkauft werden können.

Manchmal haben solche Artikel das Glück, wieder mal abgestaubt und andernorts ausgestellt zu werden, alljährlich in der Sonderverkaufsschütte zu landen und beim nächsten Filialleiter wieder in einer Ecke platziert zu werden, wo sie kein Mensch findet.

Ich mag solche Artikel nicht! Ich kann Staub nicht leiden. Aber etwas wegschmeißen, was vielleicht doch noch ein bisschen Geld bringt?

Aber es gibt auch Ladenhüter, welche mir derart ans Herz wachsen, dass ich hoffe, sie nie zu verkaufen.

In meinem Dorfladen ist es eine Flasche Remy Martin XO. Dieser edle Cognac, welcher bis 37 Jahre reifen muss (und nun etliche Jahre in verschiedenen Läden nachgereift ist), ist mein heimlicher Liebling.

XO steht immer ganz oben auf dem Regal, sodass er nie heruntergeschlagen werden kann. Wenn sich jemand danach erkundigt, was das denn sei, dann erzähle ich den Kunden, dass es ein Ladenhüter sei. Jahrelang bereits im Regal, dass ich froh wäre, wenn er endlich verkauft würde, ohne Garantie, dass er noch trinkbar sei. Für nur gerade Fr. 200.00 pro 70cl, ein Schnäppchen. Bisher war er aber allen Kunden zu teuer!

Kürzlich war eine Gruppe junger Mädchen im Laden. Kichernd und plappernd gingen sie durch das ganze Geschäft. Alle trugen Zahnspangen und hatten Notizen auf die Hände gekritzelt. Es sah so aus, als ob sie etwas suchen würden; nach einer Weile kamen sie mit haufenweise Süßigkeiten an die Kasse.

Nachdem alle bezahlt hatten und einigem Getuschel, fasste ein Mädchen den Mut und fragte: „Warum arbeiten hier eigentlich keine jungen Menschen?"

Patsch, das tat weh! Ich fühlte mich bis zu diesem Zeitpunkt jung und dynamisch. Mit einem Schlag war ich mindestens 20 Jahre gealtert.

Mir fiel das Zitat ein: Wenn du nach 40 erwachst und du hast keine Schmerzen, dann solltest du dich fragen, ob du noch lebst!

Wer den Laden hütet, ist auch ein „Ladenhüter"; also ich zum Beispiel! Genau wie mein XO werde ich auch reifer und gehaltvoller mit zunehmendem Alter (jaja, Eigenlob stinkt ... aber jemand muss es doch mal sagen..!)

Ich habe den Preis des Cognacs um weitere Fr. 100.00 erhöht – das Alter steigert den Wert; und niemand soll mir den XO abkaufen – wir wollen zusammen in Rente gehen!

Nikolaus

Viele Dorfladenbesitzer engagieren sich in Vereinen oder leisten gemeinnützige Arbeit. Nicht zuletzt, um bei größeren Anlässen der Lieferant zu sein! Vereinsmeierei liegt mir weniger, und so habe ich mich entschlossen, am Nikolaustag den Klaus zu spielen.

Ich habe mir ein wunderschönes Kostüm besorgt; langer, roter Mantel mit Kapuze, dichter Bart und weiße Handschuhe.

Die kräftige Figur hat mir die Natur (oder die Schokolade) gegeben.

So kam es, dass ich für Auftritte als Nikolaus gebucht werden konnte. Ausgerüstet mit einem großen Jutesack, einem dicken Buch und einer Rute, machte ich mich auf den Weg.

Warum muss es im Dezember bloß immer so früh dunkel sein? Ich fand das Haus fast nicht. Genauer gesagt, die Hausnummer nicht. So dauerte es eine ganze Weile, bis ich beim ersten Kind ankam. Und ich fror.

Mit einem hölzernen Wanderstock klopfte ich an die Türe. Papa öffnete, die Kinder im Wohnzimmer warteten schon. Skeptisch schauten sie mich an und versteckten sich hinter dem Sofa. Nur der kleinste, der Dreijährige, kam mit einem Glas warmer Milch an.

Haben sie jemals einen Mann mit Bart und Schnauzer beim Trinken beobachtet? Gesehen, wie übel ein Teil der Flüssigkeit am Schnurrbart kleben bleibt, um später in langsamen, schludrigen Tropfen auf den Bart zu kleckern?

Ja? Dann stellen sie sich jetzt vor, wie es aussieht, wenn der Bart nicht am Gesicht angewachsen, sondern nur mit einem Gummiband am Hinterkopf befestigt ist! Übler geht es nicht!

Habe ich schon erzählt, dass ich Milch nicht ausstehen kann und warme Milch einen Brechreiz auslöst? Mir ging es übel, ich hatte Schweißausbrüche und dazu ein Kind nach dem andern auf dem Schoss. Jedes erzählte seine Geschichte, konnte kaum erwarten, ein Geschenk zu bekommen!

Als der Kleinste dran war, löcherte mich dieser mit Fragen: warum ich keinen Esel hätte, keinen Schlitten, ob es weit sei, bis zu meiner Hütte und ob ich den Osterhasen auch kenne?!

Ich kam in Erklärungsnot; ich wollte doch nicht lügen! Aber eigentlich verkörperte ich ja selbst eine Lüge. Mir wurde immer heißer und übler!

Ich versuchte, so zweideutig wie möglich zu antworten.

Und dann fiel mir Mutti ins Wort: „Wenn du nächstes Jahr nicht artig bist, haut dich der Nikolaus mit der Rute!“

Na warte, Mutti! Mir ins Handwerk pfuschen, wenn ich schon am Abkratzen bin? „Die Rute des Nikolaus ist nicht zum Schlagen da“, erklärte ich, „es ist nur ein schlechtes Geschenk für ungehorsame Menschen!“

Mit diesen Worten übergab ich meinen Besen der Frau und verabschiedete mich. Draußen an der frischen Luft ging es mir gleich besser. Genauer gesagt, nachdem ich die Milch wieder ausgeschieden und auf dem Vorplatz verteilt hatte.

Oder war es das doofe Gesicht von Mutti, das meine Laune schlagartig besserte? Diese Familie musste ich im folgenden Jahr jedenfalls nicht mehr besuchen!

Werbegeschenke

Ich liebe Werbegeschenke! Interessanterweise machen immer wieder viele Firmen das Gleiche zur gleichen Zeit. Ein paar Jahre war es üblich, dass die Firmen Ende Jahr einen Umsatzbonus zahlten. Irgendwann erhielt man überall die Autobahnvignette geschenkt und im Jahr darauf haben die Firmen eine größere Summe (von welcher ich nie eine Zahl zu hören oder sehen bekam) an eine wohltätige Organisation (welche nie namentlich erwähnt wurde) gespendet.

Nicht dass ich etwas gegen wohltätige Zwecke hätte, aber ich finde: Wenn ich schon spende, dann will ich sagen, an wen! Egal, im Jahr darauf haben wieder alle Firmen Kalender verschickt. So viele Wände habe ich gar nicht frei!

Irgendwann wurde vermutlich in einem Marketing-Lehrgang unterrichtet, dass Textilien der ideale Werbeträger sind. So kam es, dass jeder Vertreter taschenweise T-Shirts, Pullis, Jacken, Mützen, Stirnbänder, Regenschirme und Rucksäcke mitbrachte.

Mir als armer Einzelhandelskaufmann kam das sehr gelegen; alles was meine Größe hatte, kleidete mich von nun an. Alles, was nicht meine Größe hatte, wurde verkauft.

Dazu muss ich allerdings Folgendes sagen: Ich wäre wirklich froh, wenn sich die Marketing-Menschen ein bisschen absprechen könnten: Die Carlsberg-Weste passt nicht zum Grün des Heineken-Pullis, die Cola-Mütze nicht zum Ariel-Schal. Der orangefarbene Rucksack von Ovomaltine kann unmöglich mit dem Yogurette-Hemd getragen werden.

Mein Vorschlag deshalb: Setzt euch alle zusammen und entwerft eine Kleiderkombination und Accessoires, die farblich zusammenpassen! Überwindet die Grenzen, ändert eure Markenfarben!

Nun ja, ich habe die Werbegeschenke trotzdem angezogen; gratis ist besser als nackt (wenigstens bei mir). Allerdings wurde es beim Ausgehen manchmal lästig. Die anderen Gäste meinten, bei mir könne man Bier bestellen oder Schokolade erhalten; auffällig war ich allemal. Sogar die Polizei fand mich auffällig genug, um mich immer anzuhalten und zu kontrollieren; Alkohol am Steuer konnte ich mir nicht leisten, weil ich mit Bierwerbung auf dem Pulli IMMER kontrolliert wurde!

Glücklicherweise war der Trend der Textilwerbung rasch wieder vorbei; seltsamerweise sind die Firmen wieder zu anderen Geschenken zurückgekommen – zu den Geldspenden. Aber langsam glaube ich, dass meine Spenden an die Bettler im Bahnhof gegangen sind; so wie ich ständig wegen Bier angequatscht wurde als ich mit Bierwerbung herumlief, so werde ich heute am Bahnhof um Geld angefragt.

Ich habe fast das Gefühl, die wissen, dass die Firmen in meinem Namen gespendet haben!

Multitasking

Es gibt Dinge, die bringen mich zum Kopfschütteln. Und es gibt Dinge, die regen mich richtig auf!

Zum Beispiel Frauen und Männer, welche an der Käsetheke bedient werden wollen und dazu telefonieren. Oder an der Kasse am Telefon hängen und mit einer

Hand versuchen die Waren einzupacken, die Geldbörse zu suchen und Kleingeld herauszukratzen! Multitasking nennt das die moderne Frau (das können Männer nicht, ergänzt die Emanze). Ich nenne es respektlos.

Mich noch mehr ärgern, kann Frau nur, wenn sie dazwischen noch etwas fragt, ohne sich aber die Antwort anzuhören.

Wer mich kennt, weiß, wenn ich etwas nicht ausstehen kann, dann kann ich etwas boshaft werden.

Multitasking-Frauen „belohne“ ich für ihre Abwesenheit, indem ich die getippten Artikel in zwei verschiedene Kassenboxen laufen lasse und manche Artikel oben stehen bleiben. Multitasking-Frau merkt, wo ihre Sachen sind, packt während des Telefonates ein, aber sie bemerkt nicht, dass ich die Dinge absichtlich verteile. Soviel zur Fähigkeit, mehrere Dinge gleichzeitig erledigen zu können! Mich amüsiert solche Hektik sehr.

Dabei bin ich doch selber ein Multitasker! Ich tippe die Artikel und sortiere gleichzeitig nach sinnvollem Einpacken. Ich beobachte, was gekauft wird, um Tipps zu geben (beispielsweise: wenn jemand Mehl, Zucker und Eier kauft, aber keine Hefe, dann mache ich darauf aufmerksam. Ich bin gleichzeitig Koch- und Backberater, Menülieferant und Seelsorger!

Aber Handy-Woman kann das nicht unterscheiden; für sie steht da einfach ein Mann an der Kasse, der ihr sagt, was es kostet.

Kürzlich hatte ich wieder mal eine Dame mit Handy an der Kasse. Sie legte ihre Waren auf das Band und hörte zunächst ihren klingelnden Sklaventreiber gar nicht. Ich wollte mich eigentlich nicht einmischen, aber offenbar hatte sie keinen Anrufbeantworter aktiviert.

Es klingelte und klingelte und nervte und nervte. Und ich verstehe nach wie vor nicht, warum man den Nokia-Standardton aktiviert lässt.

Schließlich habe ich die Dame darauf aufmerksam gemacht. Hektisch griff sie in ihre Handtasche, zog die Lesebrille heraus, setzte diese auf und griff erneut in die Tasche um dann endlich das Telefon, verpackt in einem Beutel mit Reisverschluss, herauszuholen.

Inzwischen hatte das Piepsen aufgehört. Aber sie machte weiter! Anstatt zuerst fertig einzukaufen, wollte sie herausfinden, wer angerufen hatte! Ich musste ihr zeigen, wie sie die Tastensperre deaktiviert!

Sofort rief sie die Anruferin zurück! „Ach, du bist auch gerade in einem Laden an der Kasse? So ein Zufall!“

Sie war nun ganz abwesend und ich habe ihr die Tasche gepackt, damit sie in Ruhe telefonieren konnte. Alles Weiche unten und das Schwere oben – ich denke nicht, dass sie zuhause noch weiß, dass sie nicht selber eingepackt hat. Ich kann ja so hilfsbereit sein!

EDV

Wissen sie, wofür die Abkürzung EDV steht? Ende der Vernunft! Dies wird mir immer wieder bewusst, wenn ich eine Behörde anrufen muss und diese mir aus EDV-technischen Gründen eine simple Auskunft nicht geben kann.

Warum um alles in der Welt werde ich nicht als Kunde gefunden, ohne meine 25-stellige Kundennummer und das Benutzerpasswort anzugeben? Wo sind die Zeiten geblieben, wo es ausreichte, den Namen und den Wohnort anzugeben?

Natürlich, ohne Computer kann auch ein Dorfladen nicht mehr funktionieren. Jede Internetseite von Lieferanten braucht aber einen Benutzernamen und ein Kennwort. Und wenn ich mich einloggen will, habe ich meistens keinen Plan, wie mein Benutzername lautet, geschweige denn das Passwort.

Natürlich gibt es fast überall die Schaltfläche: Passwort vergessen. Klickt man dort drauf, gibt es immer ein Feld, wo man den Benutzernamen einfügen kann und per Mail das Passwort wieder bekommt. Nur leider nützt mir das herzlich wenig, wenn mir der Benutzername nicht einfällt.

Also Hotline anrufen! Nach 35-mal klingeln lassen, antwortet eine freundliche Stimme, welche mich darauf aufmerksam macht, dass das Gespräch zu Qualitätszwecken aufgezeichnet wird und mich anschließend endlos weiterverbindet. Nach frühestens 5 Minuten meldet sich endlich eine menschliche Stimme.

Aber die können mir den Benutzernamen erst dann sagen, wenn ich meine Kundennummer angegeben habe und mich identifizieren konnte. Meist lasse ich mich ab diesem Zeitpunkt mit der Verkaufsabteilung verbinden und bestelle meine Artikel telefonisch.

Kürzlich hat mir meine Telefongesellschaft das Handy abgeschaltet. Ich war mir aber sicher, die Rechnung bezahlt zu haben.

Also rief ich an. Nachdem ich über die Tastatur die verschiedenen Nummern für Problemlösung, Sprachwahl, Handynummer, Schuhgröße eingetippt hatte, konnte ich mit einer netten Dame sprechen. Ich erklärte ihr das Problem und sie schaute nach.

Etwas später (ich habe in der Zwischenzeit 2 Kaffees getrunken), hatte ich sie wieder am Draht: „Sie haben die Rechnung vom November doppelt bezahlt, aber dafür die vom Oktober nicht, deshalb wurde abgeschaltet“.

Ich suchte meine Unterlagen hervor und sah, dass das so stimmte; ich hatte sogar Fr. 50.00 zu viel bezahlt. Ich machte die Dame darauf aufmerksam: „Das merkt unser EDV-System eben nicht und kann nicht verrechnen. Bezahlen sie bitte die Oktoberrechnung und sie werden freigeschaltet! Für die Doppelzahlung gibt es eine Gutschrift."

Ob sie es glauben oder nicht, auf der neuen Rechnung hatte ich folgende Positionen: Abo, Gespräche, SMS Fr. 172.00, Gebühr für Wiedereinschaltung Fr. 40.00, Mahnspesen Fr. 20.00, Doppelzahlung November Fr. 202.00, ihr Guthaben Fr. 30.00.

Ich rief wieder an: "Können sie mir bitte erklären, warum ich eine Wiedereinschaltungsgebühr und Mahnspesen bezahlen soll, wenn sie mir Geld schulden??" „Wissen sie, unsere EDV …!"

Gelbe Seiten

Es gibt Tage, da weißt du bereits um 8 Uhr, es kann nicht schlimmer kommen!

Und ob es das kann! Genau so ein Tag war es, als ein Mann zur Türe hereintrat und einen großen, breiten Schatten warf. Er war riesig, bestimmt 20cm grösser als ich, aber für sein Gewicht trotzdem rund einen Meter zu klein. Er war in meinem Alter, die Haare hatte er mit Gel (oder war es Konfitüre?) zusammengeklebt und er trug (wer mich kennt, ahnt es schon) eine rosa Krawatte!

Manche Menschen neigen dazu, zu viel Parfum zu tragen – er hatte darin gebadet.

Um meine Stimmung auf Unternull zu bringen, brauchte es nur noch zwei Dinge: Das falsche Produkt und der falsche Dialekt! Und ja, er hatte Talent! Er ließ nichts aus.

Wissen sie, warum der Flughafen in Zürich ist und nicht in Bern? Damit die ausländischen Touristen bei der Ankunft den schlimmsten Dialekt schon gehört haben und es danach nur noch angenehmer werden kann! Und nach dem Urlaub der Abschied leichter fällt. Böse Zungen behaupten, in Bern könnten die Flugzeuge nicht starten, weil sie zu langsam wären; das ist aber eine andere Geschichte.

Dieser Mann kam ganz offenbar aus der Nähe des Flughafens. Und er wollte mir Inserate verkaufen!

Das Einzugsgebiet eines Dorfladens beschränkt sich meist auf das Dorf, wenn man es besonders gut macht und freundlich ist, noch das Nachbardorf. Langsam frage ich mich, warum wohl nur das halbe Dorf zu mir kommt?

Und natürlich die Touristen. Haben sie schon mal Urlaub in einem kleinen Dorf gemacht? Bestimmt haben sie auch die Gelben Seiten benutzt, um einen Dorfladen zu finden?!

Genau das versuchte ich diesem Herrn klar zu machen. Dafür hatte er kein Gehör;

was wenn jemand eine Hochzeit plant, irgendwo in der Region, aber selber nicht von hier ist? Oder ein Veteranentreffen? Oder eine Werbefahrt? Die müssten sich doch in der ganzen Schweiz informieren können!

Mir wären beinahe zwei Haare ausgefallen (wenn ich denn welche hätte). Langsam aber sicher nervte mich der Typ und außerdem verhinderte er meinen Kaffee Nummer 4.

„Wissen sie," sagte ich „wenn mich jemand zum Kaffee einlädt, verbessern sich seine Chancen wesentlich, dass ich ihm zuhöre!" Er verstand den Wink und wir gingen gegenüber ins Restaurant. Ich habe ihm zugehört.

Schließlich sagte ich zu ihm: „Ich kann mir so überdimensionierte Werbung nicht leisten und will es auch nicht. Außerdem werde ich von jedem gefunden, der mich finden will!"

Er schluckte leer. „Sie haben mich ja auch gefunden, ohne dass ich einen Eintrag habe!" „Ja, das stimmt, aber ..." „Kein Aber, danke für den Kaffee!"

Gelbe Seiten - die Zweite

Es gibt Tage, da weiß man bereits um 8 Uhr, besser kann dieser Tag nicht werden.

Die Ladentüre ging auf und mir stockte der Atem! Sie war aus Zucker - glaubte ich. Und ganz sicher mit Schokolade überzogen. Wenn sie lächelte, ging die Sonne auf und die Wolken färbten sich Rosa ...

Sie fragte, ob ich mit ihr einen Kaffee trinken würde und sie mir derweil die beste Investition meines Lebens vorstellen dürfe?! Naja, es war wieder mal Kaffee 4 überfällig. Wie hätte ich auch „Nein" sagen können!

Ich war mir nicht ganz sicher, wie viele Seiten sie mir gezeigt hatte in ihrem Buch. Aber ich wusste, dass ihre Augen leuchteten, wenn sie redete.

Wie war ich doch blöd gewesen, all die Jahre keinen Eintrag in den Gelben Seiten zu haben; wie viele Kunden hatte ich wohl verpasst? Bestimmt wäre ich schon vor langem reich geworden.

Ihre Stimme brachte mich fast zum Schmelzen.

Ich weiß nicht mehr, wie lange unser Gespräch dauerte – ich unterschrieb verschiedene Verträge und war nun über Jahre mit ihr verbunden. Oder zumindest mit ihrem Arbeitgeber.

Ein paar Tage später begegnete ich ihr in einem Restaurant wieder. Sie war im Gespräch mit einem Kunden. Sie hatte wieder diesen Blick.

Ich sah, wie er unterschrieb und dachte mir: Der ist drauf reingefallen, Männer sind ja so einfach gestrickt…

Als sie das Lokal verließ, ging sie an mir vorbei. Ich grüßte sie freundlich, aber sie beachtete mich nicht!

Mein Herz klopfte noch eine Zeitlang, pumpte mir aber schließlich das Blut wieder in die andere Richtung, Richtung Kopf.

Ich ging in mein Büro, nahm den Vertrag in die Hand und las ihn jetzt mal durch. Mein Rücktrittsrecht war am Vortag abgelaufen und der Vertrag war in drei Jahren per Ende Jahr kündbar.

So beeinflussbar kann ein Mann doch nicht sein! Ich schon gar nicht! Nie wieder sollte mir so etwas passieren!

Etwas später, ich war an der Kasse, ging wieder die Türe auf und eine Frau betrat den Laden. Es war nicht die Gelbe-Seiten-Frau, aber sie war mindestens ebenso hübsch!

Die Klingel

In Zeiten, wo Personal teuer und die Gewinnspanne klein ist, kann es sich lohnen, eine Klingel auf die Bedienungstheke zu stellen. Zweck einer derartigen Einrichtung ist, dass wartende Kunden auf sich aufmerksam machen können.

Es gibt drei Typen Klingler: die Schüchternen, die Doofen und die Lustigen. (Natürlich gibt es auch „Normale“; aber die sind so selten, dass sie hier nicht erwähnt werden müssen!)

Die Schüchternen bemerken zwar, dass es eine Klingel gibt, aber sie stehen lieber eine halbe Stunde davor, als sie zu benutzen. Wenn sie dann doch zu lange nicht beachtet werden, drücken sie den Knopf so schwach, dass die Glocke klemmt. Mit einem hochroten Kopf melden sie sich dann per Handzeichen!

Die Doofen gibt es in zwei Ausführungen: die Einen sehen die Klingel nicht und beschweren sich lauthals, dass sie so lange nicht bedient werden. Und wenn man ihnen die Klingel zeigt, holen sie das Klingeln nach. Die Anderen schauen mir zu, wie ich von der Theke weglaufe, um erst dann zu klingeln, damit ich wieder zurückkomme. Naja, diese warten jeweils etwas länger, bis sie von mir bedient werden.

Und dann gibt es eben noch die Lustigen: Sie finden es sehr amüsant, zu klingeln, wenn es gar nicht nötig ist. Meistens sind die „Spaßklingler“ jugendliche Männer zwischen 12 und 65 Jahren. Sie klingeln ununterbrochen, bis ihre Begleitperson den Einkauf beendet hat oder Mutti sie auffordert damit aufzuhören.

Aber keiner lacht auf meine Kosten, schon gar nicht, wenn ich nichts zu lachen habe. Ich erinnerte mich also an meine Jugendzeit. Elektrizität reizte mich seit jeher.

In einer ruhigen Minute habe ich die Glocke ein bisschen „modifiziert". Meine Klingel war aus Metall, was die ganze Sache einfacher machte. Ich lötete zwei feine Drähte an, eines am Drücker, das andere am Gehäuse. An den Kabelenden schloss ich eine 9-V-Batterie. Ich konnte es nicht erwarten, dass der erste Witzbold drücken würde. Weil ich mich vor Stromschlägen fürchte, habe ich das Konstrukt nicht ausprobiert.

Der erste Drücker hat nichts bemerkt, die Spannung war zu klein.

Also habe ich mir die Luxusvariante gebaut: Ich habe die Kabel mit einem Stecker ausgestattet und diesen über eine Fernschaltung mit einer Steckdose verbunden. So konnte ich die Anlage aus der Distanz aktivieren. Ich musste nicht lange warten: Schon bald konnte einer die Finger nicht von meiner Klingel lassen. Ich drückte den Knopf …

Nachdem ich die Sicherung wieder eingeschraubt und der Laden wieder Strom hatte, wollte ich den jungen Mann an der Theke bedienen – er war nicht mehr da! Vielleicht hatte es ihm zu lange gedauert …

Die Maus

Als kleiner Dorfladen muss man sich immer bemühen, besser zu sein, als die große Konkurrenz.

Dazu gehört ganz klar auch die Hygiene. Ungeziefer und Schädlinge haben in einem Laden nicht das Geringste verloren; es ist allerdings schwierig, die Viecher von einem alten Haus fernzuhalten – und schier unmöglich ist es, sie wieder loszuwerden!

So kam es, dass mir eines Tages auffiel, dass eine der Trockenwürste seltsame Kerben aufwies. Ich entfernte die Wurst. Am nächsten Tag war das gleiche Muster auf einer weiteren Wurst zu erkennen. Irgendetwas war da faul. Nach genauerer Kontrolle entdeckte ich, dass es eine Maus sein musste, welche sich an den Würsten den Bauch vollschlug. Na warte!

Ich suchte so viele Mausefallen zusammen, wie ich finden konnte. Rauchwurst, Käse, Schokolade, Mehl, Speck - jede nur erdenkliche Köstlichkeit wurde bereitgestellt! Zuerst in den Lagerräumen und im Büro, nach Ladenschluss dann auch im ganzen Geschäft.

Und jeden Morgen das gleiche Bild: Zwei oder drei Fallen waren zugeschnappt, der Köder gefressen, aber keine Maus gefangen.

Das Vieh fraß immer ein Menü! Fleisch mit Beilage und zum Nachtisch Schokolade. So ging das ganze drei Wochen.

Es musste etwas geschehen. Die Katze der Nachbarin, welche immer vor dem Laden schlief (die Katze!) kam mir gerade Recht. Ich schnappte mir das Tier am Abend und nahm sie mit in den Laden. Ich stellte ihr eine Schale mit Wasser hin und ließ sie über Nacht eingeschlossen.

Als ich am nächsten Morgen die Türe aufschloss, huschte der Stubentiger wie ein geölter Blitz aus dem Laden. Im Geschäft das Chaos: Er hatte mehr Würste angefressen als die Maus in den Wochen davor, die Fallen waren alle ausgelöst worden. Dem Geruch nach zu urteilen, hatte ich etwas wichtiges vergessen: das Katzenklo! Irgendwann hatte ich alles aufgeräumt und geputzt. Und dabei habe ich zum ersten Mal die Maus gesehen! Aber nicht etwa in zwei bis fünf Teilen, nein, das blöde Vieh kletterte gerade gemütlich die Heizung hoch!

Das Loch, durch welches sie verschwand, habe ich zugestopft und zugeklebt. Sicherheitshalber habe ich einen Profi-Mäusefänger engagiert. Er richtete Fallen und legte Köder aus, um zu sehen, wo die Nager durchgingen.

Ein halbes Jahr später war Lagebesprechung: Keine einzige Maus konnte nachgewiesen werden, aber ich hatte einen Servicevertrag über fünf Jahre abgeschlossen.

Die Maus und die Katze habe ich nie mehr gesehen, aber jedes Jahr erinnert mich die gesalzene Rechnung des Kammerjägers wieder daran!

Lehrlinge

Ich bin der Meinung, wer im Detailhandel keine Lehrlinge ausbildet, ist selber schuld! Oft höre ich von Kollegen, das könnten sie sich nicht leisten! So ein Quatsch! Ein Lehrling macht sich bereits nach 3 Wochen bezahlt!

Wenn man den Auszubildenden richtig instruiert, kann er oder sie die Kasse genauso bedienen, wie eine ausgelernte Verkäuferin! Einkassieren und freundlich sein! Aber zu einem Bruchteil des Gehaltes!

Dann kommt immer das Argument: Aber die Warenkunde und die Bedienung der

Kunden muss man ihnen auch noch beibringen! Stimmt nicht; das lernen sie in der Gewerbeschule und im Selbststudium; die praktische Arbeit im Laden und den Umgang mit Lebensmitteln zeige ich ihnen, wenn wir die Ware ins Regal räumen.

Im Übrigen hat es noch keinem Verkäufer geschadet, sich wieder mal mit Herkunft, Pflege und Verarbeitung seiner Produkte auseinanderzusetzen.

So bleibt dann noch das Argument: Die Lehrlinge sind fast nie im Laden, haben Ferien und Schule! Das stimmt; ein Lehrling hat 5 Wochen Ferienanspruch, Ausgelernte 4. Das heißt, der Lehrling steht mir an 47 statt 48 Wochen zur Verfügung; das macht eine Differenz von rund 2%. Und Berufsschule - ja, stimmt, ich kann mit einem Lehrling nur etwa 60% – 70% rechnen. Aber schließlich hat er einen Lohn von nur etwa 20% dessen, was eine Mitarbeiterin nach der Ausbildung verdient. Das lohnt sich immer!

Die Ausnahme: man hat einen Fehlgriff getan! Wie ich einmal.

Ich hatte einen Lehrling, welcher sehr großes Talent hatte. Und er machte von seinem Talent rege Gebrauch. In jedem Urlaub verletzte er sich! Und wenn ich sage in jedem, dann meine ich in jedem! Und er kannte seine Rechte! Jeder Unfalltag während des Urlaubs zählt nicht als Urlaub. So kam es, dass mein lieber Lehrling in einem Jahr, zusätzlich zu seinen 5 Wochen Ferien, insgesamt 10 Wochen Unfall hatte.

Und wenn er weder Urlaub, noch Unfall hatte, so neigte er dazu, krank zu sein! In jenem Jahr brachte er es auf 4 Wochen. Eigentlich wäre das alles noch gar nicht so schlimm gewesen, wenn er während seiner Anwesenheit (ich schreibe bewusst nicht Arbeit!) etwas getan hätte. Wie abwesend stand er an der Kasse, drückte schneller auf seinem Handy rum als auf der Kasse und begrüßte die Kunden nicht.

Es wurde Zeit, einzuschreiten! Er durfte früher Feierabend machen als üblich; als Hausaufgabe sollte er sich überlegen, warum er jetzt schon nach Hause dürfe. Drei Wochen später kam er wieder; er hatte auf dem Heimweg einen Unfall gebaut; weil sein Moped dabei zerstört wurde, kam er nun zu spät.

Ich löste das Arbeitsverhältnis nun auf und aus Dankbarkeit klaute er mir die Kaffeekasse.

Ich revidiere meine Aussage: Ein Lehrling macht sich nicht immer bezahlt!

Überwachungskameras

Überall wo Selbstbedienung angeboten wird, gibt es Menschen, die sich „selbst bedienen“. Um denen entgegenzuwirken, sind Überwachungskameras ein gutes Mittel; sofern diese richtig eingebaut sind!

Es gibt verschiedene Firmen, welche solche Installationen professionell anbieten. Ich habe nie behauptet, handwerklich geschickt zu sein; mein Interesse an Elektronik und Tüfteleien (Männerspielzeug eben) brachte mich dennoch dazu, dies selbst in die Hand zu nehmen.

Meine Überwachung sollte besser, nicht überlistbar, einfach in der Bedienung und kostengünstig sein. Da haben wir auch schon das Dilemma: Kostengünstig und einfach in der Bedienung sind in der Elektronik grundsätzlich nicht möglich!

Ich kaufte mir einen DVD-Rekorder mit Festplatte zum Aufzeichnen über mehrere Wochen, welcher (aus Datenschutzgründen) die nicht benötigten Aufzeichnungen ganz automatisch überschrieb. Dazu 4 kleine Kameras, welche hochauflösende Bilder lieferten.

Erkenntnis 1: Hochauflösend ist ein Verkaufsargument; in Wirklichkeit erkennt man trotzdem nichts, wenn die Kameras an der Decke befestigt sind.

Erkenntnis 2: Die mitgelieferten Kabel sind immer 20cm zu kurz, um die Kameras am Rekorder anzuschließen.

Erkenntnis 3: Baut man die Kameras so auf, dass die Kabel lange genug sind, so erkennt man noch weniger auf dem Bild und bemerkt, dass die Stecker nicht zusammenpassen.

Erkenntnis 4: Der Adapter, welcher die Geräte verbindet, kostet mehr als die 4 Kameras und verschlechtert das Bild zusätzlich um etwa 50%.

Erkenntnis 5: Sollte die ganze Anlage einmal laufen, so wechselt das System die Kamera, welche gerade am Aufzeichnen ist, genau dann, wenn es wichtig wäre, nicht zu wechseln.

Diese 5 Erkenntnisse sind das Resultat aus den gesammelten Erfahrungen.

Um das Beste aus dieser Bastelei herauszuholen, habe ich versucht, das Ganze wenigstens gut zu programmieren. (Die Erkenntnisse aufzulisten, welche ich daraus ableiten konnte, würde den Rahmen sprengen!)

Nach vielen Stunden des Kameras Richtens, Aufnahmezeiten Einstellens, Kamerawechsel Steuerns und Empfindlichkeit Regelns, hatte ich es endlich geschafft. Die Überwachung des Dorfladens konnte beginnen.

Schnell wurde aber klar: Ohne Monitor bringt das Ganze nichts! Also wurde ein Fernseher angeschafft, sinnvoll platziert und angeschlossen, um beim ersten Einschalten die Haussicherung aus ihren Halterungen springen zu lassen

Nachdem ich alles neu programmiert hatte, konnte ich endlich aufzeichnen. Die abschreckende Wirkung der Anlage ist toll! Wir haben bisher keinen einzigen Dieb erwischt!

Witze

Immer, wenn mehrere Menschen in einer entspannten Atmosphäre zusammenkommen, werden Witze erzählt. So ist es im Dorfladen natürlich auch. Ich habe aber festgestellt, dass es, je nach Situation, unterschiedliche Witze sind!

1: Männer unter sich erzählen Witze, in denen es entweder um die 20cm unterhalb des Bauchnabels oder die obersten 5cm der Frau geht.

2: Männer erzählen Frauen die gleichen Witze, aber es geht verstärkt gegen die Intelligenz der Frau.

3: Frauen unter sich erzählen sich nur Witze über die Intelligenz der Männer.

4: Frauen erzählen Männern keine Witze: „Ich kann mir keine Witze merken!"

5: Pensionierte Männer erzählen jungen Frauen schweinische Witze, welche sie bereits seit der Schulzeit kennen.

6: Pensionierte Frauen erzählen Kinder- und Tierwitze.

Bestimmt können sie sich vorstellen, dass ich täglich recht viele Witze höre. Nur Friseure werden noch mehr bevorzugt als der Mann vom Dorfladen.

Ich finde es nicht immer witzig: Möchten sie jeden Tag die gleichen Scherze hören? Sie gehen ja vermutlich auch nicht jeden Tag ins Kino, um sich den gleichen Film anzusehen? Oft denke ich: Der muss meinen Großvater gekannt haben, diese Witze hat er auch immer erzählt!

Eine wirklich spannende Abwechslung bringen Kinder. Manche können Witze recht gut erzählen und wieder andere gar nicht. Kürzlich kam ein 9-jähriger zu mir und erzählte einen Witz, welchen ich bereits seit Jahren (gähn!) kannte. Das Thema, ganz klar (Situation 1: Mann – Mann)! „Hansli durfte bei seiner Lehrerin zu Abend essen. Nach dem Essen durfte er bei ihr schlafen und er bat sie, seine Hand auf ihren Bauch legen zu dürfen. Nach einer Weile fragte er, ob er mit dem Finger mit ihrem Bauchnabel spielen dürfe."

(Der junge Erzähler hatte in der Zwischenzeit bereits rote Ohren bekommen!) Nach einer Weile habe die Lehrerin gesagt: „Das ist aber nicht mein Bauchnabel!" Worauf Hansli antwortete: „Das ist auch nicht mein Finger!"

Ich tat, als würde ich den Witz nicht kennen und auch nicht verstehen! „Ach, und was hat Hansli denn gemacht?" fragte ich. Der Junge schwankte zwischen Verlegenheit und Übermut. Mit seinen Händen deutete er auf seine untere Körperhälfte und machte eine Hüftbewegung wie Michael Jackson zu Lebzeiten …

Nun lachten wir beide, vermutlich nicht aus dem gleichen Grund, aber wir lachten!

Inventur

Einmal pro Jahr müssen wir im Dorfladen eine Inventur durchführen. Dabei muss jeder Artikel gezählt, aufgeschrieben und der Wert des Warenlagers errechnet werden. Diese Übung bringt finanziell nichts ein, bedeutet aber einen großen Aufwand an Personal und Zeit.

Bestimmt merken sie es schon; ich liebe Inventuren wie eine Kuh den Melker mit eiskalten Händen!

Eine gute Vorbereitung ist die halbe Arbeit, hat mal einer gesagt - also hatte ich mich gut vorbereitet: Jedes Tablar wurde mit einer Nummer versehen und Blätter gedruckt, welche mit dieser Nummer übereinstimmten. Dadurch sollte es am Schluss leichter sein, zu kontrollieren, ob auch wirklich alles gezählt wurde.

Und es braucht viel Personal. Immer Zweiergruppen – einer zählt, der andere schreibt. Dieses Personal findet man einfach. Drei Tage vor dem Termin ein kleines Plakat aufhängen genügt.

Üblicherweise melden sich genügend Leute. Eine gute Inventur braucht ausreichend Personal! Es ist wie beim Essen: Nach 15 Minuten setzt sich das Sättigungsgefühl ein. Was bis dahin nicht gezählt wurde, wird schwierig.

Naja, 30 Minuten gehen bei einer Inventur auch noch.

Das Schwierigste an der Planung ist das Zusammenstellen der Zweiergruppen: Es braucht immer einen der zählen und einen der schreiben kann. Sie sollten sich vertragen, idealerweise kennt sich einer von beiden in der Warengruppe aus und mindestens einer sollte schon mal dabei gewesen sein.

Dieses Mal, ja, ich weiß, dass man das Personal drei Tage vorher sucht - bei mir sind es eben manchmal nur 5 Stunden, musste ich zwei Personen zusammentun, welche noch nie mitgemacht hatten.

Die beiden Rentner habe ich ans Suppenregal bestellt (das Suppenregal ist bei denen, die bereits ihre Erfahrungen damit gemacht haben, das zweitunbeliebteste aller Regale; 22 Beutel Minestrone, 18 Beutel Gemüsesuppe, usw. Viele Artikel mit vielen Einheiten auf engem Raum). Also nimmt man dafür immer die Unerfahrenen.

Ich bemerkte irgendwann, dass die beiden nicht vorwärtskamen. Ich fragte nach dem Problem, bekam aber keine plausible Erklärung. Bei der Nachkontrolle merkte ich, was das Problem war: der eine konnte nicht zählen, wusste es aber nicht – der andere konnte nicht auf eine Zeile schreiben, war sich dessen aber auch nicht bewusst. Dazu kam, dass der Schreiber den Zähler akustisch nicht verstand, es aber nicht zugeben wollte.

Im darauffolgenden Jahr waren die Beiden wieder dabei; aber ich war vorbereitet und plante sie anders ein: Der Schreiber musste zählen und der Zähler durfte schreiben. Diesmal in der Tiefkühlabteilung (nun wissen sie auch, welches die allerunbeliebteste Abteilung ist!). Es sind weniger Artikel zu zählen, dafür ist es saukalt! Die Beiden waren nicht schlecht, und glücklicherweise schon etwas vergesslich; sie würden sich nicht so lange an die Schmerzen erinnern, welche das Auftauen der Finger mit sich bringt. Aber die Neuen am Suppenregal …?! Ich werde nächstes Jahr umplanen müssen!

Traumberuf

Ich bin der Meinung, es gibt keine besseren oder schlechteren Berufe! Es gibt lediglich Berufe, welche dem Einen oder Anderen keine Freude machen; aber es gibt in jeder Tätigkeit Menschen, die ihren Job gerne machen oder gar als Traumberuf ansehen.

Oft liegt es daran, dass die Bezeichnung falsch ist: Kloputzer zum Beispiel. Würde man diesen Beruf „Reinigungsfachmann für öffentliche Bedürfnisanstalten" nennen, würde es vermutlich bald einen Doktortitel dafür benötigen … Wenn man den Bauern als „praktizierenden Agronomen" bezeichnen würde, müssten Menschen dieser Berufsgruppe vielleicht nicht in einer Fernsehsendung eine Frau suchen!

Generell plädiere ich dafür, dass man die Bezeichnung seiner Schule in Form einer Abkürzung im Namen mitführen darf. Zum Beispiel: Uwe Müller GSK (Grundschule Köln) oder Adolf Ogi PSK (Primarschule Kandersteg), oder Bruno Keller HSG (Hilfsschule Graz).

Ich habe als Dorfladenbesitzer den vielseitigsten Beruf, den man sich vorstellen kann; bloß als „Krämer" oder „Lädeler" wird man etwas unterschätzt. Ganz anders würde es aussehen, wenn ich mich als freischaffenden Detailhändler bezeichnen würde …

Manchmal bin ich Astronaut (könnte Kunden auf den Mond schießen), manchmal Psychologe, manchmal Ernährungsberater, Eheberater, Lebensberater, Fahrradmechaniker, (Seelen-) Klempner, Fahrlehrer, Informationsbeauftragter, Abfalleimer, „Letzte Rettung" (keine Hefe zuhause, aber den Teig schon angerührt), Bank, Putzmann, Kassierer, Büroleiter, Buchhalter, Ladenhüter, Lehrer, Polizist, Vermittler, Beichtvater … schlicht: Schuldig für alles und jeden?!

Aber es ist mir egal! Wissen sie, wieso? Weil ich es gerne mache!

Jeder, der seinen Job gerne macht, macht ihn gut! Es ist egal, ob jemand Bankdirektor ist oder im Supermarkt Einkaufswagen zusammenschiebt, Hamburger brät oder gebrochene Beine repariert. Hauptsache, zufrieden mit dem, was man tut.

Ich gehe jetzt wieder in den Laden, da will jemand zum Mond!

Lohn oder Gehalt

Manchmal frage ich mich, was der Unterschied zwischen Lohn und Gehalt ist? Kommt das Wort Lohn von entlohnen? Etwas für eine Arbeit bekommen, die man gemacht hat?

Und kommt Gehalt von erhalten? Etwas erhalten, ohne dafür etwas tun zu müssen? Beziehen deshalb die Direktoren ein Gehalt und die Arbeiter Lohn? (Haben sie es bemerkt? Genau wie die großen Tageszeitungen, deren Titel mit „B“ beginnen, schreibe ich Dinge, welche ich zwar behaupte, aber nicht belegen kann, in der Frageform!)

Haben sie sich auch schon gefragt: Warum wird ein Pilot besser bezahlt als der Busfahrer in der Innenstadt? Ist die Aufgabe nicht die Gleiche? Personen mit Hilfe eines nicht dem Fahrer gehörenden Transportmittels von A nach B bringen? Glauben sie nicht auch, dass ein Busfahrer pro Tag mehr Fahrgäste ans Ziel bringt als ein Pilot? Und wo ist wohl die Verkehrsdichte grösser? Wo können sich die Passagiere direkt beim Fahrer beklagen? Wer hat keinen Co-Piloten?

Kürzlich habe ich einem Piloten diese Frage gestellt! Es habe damit zu tun, dass ein Pilot mehr Verantwortung und Risiko trage.

Daraufhin habe ich im Reisebüro gefragt, ob fliegen gefährlich sei?! Kennen sie die Antwort?? Im Straßenverkehr sterben viel mehr Menschen als bei Flugzeugabstürzen!

Ich solle mir keine Sorgen machen … Ich habe beschlossen, nicht mehr darüber nachzudenken, sonst kann ich nicht mehr mit dem Bus fahren!

Ich beziehe weder Lohn noch Gehalt; als selbstständig Erwerbender bleibt mir nur der „Rest“!

Nachdem ich aus den Einnahmen die Waren bezahlt und dem Personal einen Lohn überwiesen habe, darf ich die Unkosten begleichen; Miete, Wasser, Strom, Sozialbeiträge, Versicherungen. In einer mehrtägigen Übung darf ich der Steuerverwaltung mitteilen, welche Umsätze ich erzielt und welche Kosten ich zu tragen habe.

Als Resultat dieser Berechnung sagt mir der Staat dann, wie viel Gehalt er zu bekommen hat. Und das Rückgeld dieser Summe ist der „Rest“!

Weil dieser manchmal sehr gering ausfällt, spare ich Kosten beim Einkaufen. Ich esse „Reste“, Produkte, welche wegen Verfalldaten nicht mehr verkauft werden dürfen oder Artikel, die niemand kaufen will. Brot vom Vortag, Bohnen aus verbeulten Dosen oder Joghurt mit defektem Deckel.

Ich will mich aber nicht beklagen! Für den „Rest“ muss ich mich bei niemandem bedanken, bin zu nichts verpflichtet oder von irgendjemandem abhängig.

Lohn zu erhalten, ist eine gute Sache – man weiß, warum man ihn bekommt.

Wie ist es wohl mit einem Gehalt?

Flaschenpfand

Wissen sie, welche Flaschen wie viel Pfand kosten? Schön, ich auch! Habe ich mal gedacht. In der Schweiz ist es so, dass generell kein Flaschenpfand für PET verlangt wird, eine Recyclinggebühr im Preis des Getränkes eingerechnet ist – dafür darf man die leeren Flaschen kostenlos bei jeder Verkaufsstelle zurückgeben. Glasflaschen werden in der Schweiz ebenfalls kostenlos im Altglascontainer gesammelt. Soweit so gut.

Kompliziert wird die ganze Geschichte erst, wenn es um Weinflaschen geht! Es gibt üblicherweise Wein in 70cl oder 75cl Flaschen; diese sind immer ohne Pfand. Im Dorfladen gibt es außerdem Wein in 1 Liter-, Halbliter- und Viertelliterflaschen; diese Flaschen haben ebenfalls kein Pfand – in den Supermärkten!

Mein Lieferant für solche Weine verlangt aber Flaschenpfand! Diese Flaschen sind optisch nicht zu unterscheiden, es handelt sich um genau die gleichen.

Nur auf dem Etikett ist aufgedruckt, ob es sich um eine Mehrweg- oder eine Einwegflasche handelt. Findige Kunden haben das bemerkt, die Etiketten entfernt und diese Flaschen bei mir gegen Pfand zurückgegeben. Für mich eigentlich kein Problem, da ich dieses Pfand ja auch durch meinen Lieferanten erstattet bekomme.

Es ging allerdings so weit, dass ich doppelt so viele Flaschen zurücknahm, als ich verkaufte. Dies hatte zur Folge, dass ich keine leeren Harasse hatte, um die Flaschen zurückzugeben.

Ich musste mir etwas einfallen lassen: Ich schaffte das Flaschenpfand auch ab, obwohl ich dieses beim Lieferanten bezahlen musste (dafür rechnete ich die 30 Rappen gleich in den Preis ein). Ich war dafür großzügiger geworden – wenn jemand eine leere Flasche abgeben wollte, konnte er das, erhielt einfach nichts dafür. Wenn ich sie dem Lieferanten zurückgeben konnte, hatte ich etwas verdient, wenn nicht, hatte ich nichts verloren.

Irgendwann stapelten sich aber die Flaschen im Lager. Ich belud meinen Lieferwagen und fuhr zur nächsten Glassammelstelle. Dort standen zwei Männer. Einer war von der Gemeinde angestellt und überwachte die Flaschenrückgabe. Nachdem er mich ausführlich darüber informiert hatte, dass diese Sammelstelle nicht für gewerbliche Flaschenentsorgung sei und ich nur ausnahmsweise hier abladen dürfe, betrachtete er die Flaschen. „Deckel und Metallteile müssen entfernt werden!“ brummte er. (Gib einem kleinen Mann Macht und er wird sie nutzen!)

Der andere Mann mischte sich ein. Ich könne die Flaschen hier hinstellen, er würde sie dann für mich in den Container werfen. Na, das war doch ein Angebot! Ich gab ihm ein Trinkgeld und fuhr wieder weg.

Eine Stunde später hatte ich den Mann an der Kasse: Er hatte 25 Weinflaschen dabei und wollte das Flaschenpfand für jene Weinflaschen kassieren, auf denen dieses aufgedruckt war …

Hundebesitzer

Ein Dorfladen, welcher an einer schönen Fußgängerstrecke liegt, wird oft von Hundebesitzern besucht. Der Brunnen vor dem Laden lädt ein, die Tiere mit Wasser zu versorgen und vielleicht einen kleinen Snack zu kaufen.

Ich habe mir die Hundebesitzer genauer angesehen und ganz interessante Feststellungen gemacht: Je länger ein Mensch seinen Hund hat, desto mehr gleichen sie sich an. Die meisten Menschen bleiben bei ihrer Rasse. Rottweilerbesitzer sind stets groß, kräftig gebaut, schauen grimmig drein, sind aber selten böse.

Pitbullbesitzer haben immer krumme Beine und Windhundbesitzer sind oft mager. Menschen mit Mops neigen zu Übergewicht und sind selten wirklich groß. Jagdhundbesitzer sind ständig auf der Suche - Kopf geduckt, Nase am Boden. Menschen mit Dobermann sind meistens nervös und zappelig.

Pudelbesitzer neigen zu Kitsch und sonderbaren Frisuren. Menschen mit Retriever haben ein Helfersyndrom und Colliebesitzer sind immer elegant. Schlittenhundeführer tragen immer Faserpelzpullis und Dackelbesitzer gehen immer langsam. Ich frage mich manchmal, welcher Hund wohl zu mir passen würde: groß, elegant, intelligent, selbstbewusst und haarlos …

Was ich gar nicht leiden kann, sind kleine Kläffer. Kürzlich war ich vor dem Laden am Außenstand beschäftigt, als mich so ein kleines Mistvieh anknurrte …

Die Besitzerin kam aus dem Laden und fragte mich, was ich ihrem Hund angetan hätte, dass er solch eine Abneigung gegen mich habe?!

„Ich habe ihm ein Stück Brot gezeigt und eine Tube Senf; mehr brauche ich nicht, um das Ding zu fressen!" antwortete ich.

Ich bringe es nicht über die Lippen, solche kleinen Monster als Hunde zu bezeichnen. Das Wort Hund bedeutet für mich ein Tier, welches mindestens bis zu den Knien reicht und die Klappe hält, wenn es nichts zu sagen hat! Etwas das sich nicht im Profil meiner Sohle festklemmt, wenn ich drauftrete.

Die Dame fühlte sich sehr betroffen und kläffte kräftig zurück! Ich hätte wohl vergessen, dass sie eine gute Kundin sei und viel Geld für ihren Hund ausgebe.

Ich erinnerte mich nicht daran, sie jemals gesehen zu haben und was sie in der Hand hielt, konnte gar nicht auf eine gute Kundin hindeuten: ein Pack Würstchen zum Sonderpreis.

Als sie es öffnete, begann ihr Bodenlappen zu wedeln; endlich sah ich, wo vorne und wo hinten war.

Vermutlich hätte ich die falsche Seite erwischt, wenn ich danach hätte treten wollen.

Sie schob ein Stückchen Wurst in eine Öffnung des Fellklumpens. Das Kläffen verstummte, weshalb ich annahm, dass sie die richtige Seite gewählt hatte.

Gierig verschlang Fido das Fleisch um mich sofort wieder anzubellen; ich knurrte zurück, was wiederum den Effekt hatte, dass er derart zu bellen begann, dass er sich übergeben musste! Zu blöd, ein Würstchen zu fressen!

Als sie wegging, fiel es mir erst auf: Ein Pitbull hätte besser zu ihr gepasst - glücklicherweise war mir das vorher nicht aufgefallen!

Zu mir muss niemand freundlich sein, der das nicht will. Aber beschimpfen lasse ich mich nicht.

Rabatt

Kennen sie das hässlichste Wort, welches die Kunden einem Ladenbesitzer gegenüber erwähnen können? Rabatt! Mit diesem Wort kann man mir sagen: Du machst deinen Job nicht gut, du kannst nicht kalkulieren oder deine Arbeit ist nichts wert!

Wenn eine Dose mit Fr. 1.00 angeschrieben ist, erwarte ich, dass der Inhalt Fr. 1.00 wert ist! Und wenn es mir nicht Fr. 1.00 wert ist, nehme ich eben etwas anderes!

Kürzlich hat eine Mitarbeiterin ein Verkaufsgespräch in Englisch geführt. Sie kam zu mir und fragte, was das Wort „Discount“ bedeute. „Wenn du das Wort „Discount“ hörst, sag einfach „NO!“

Mir ist aufgefallen, dass immer die Menschen nach Rabatt fragen, die es am wenigsten nötig haben. Die ganz Frechen fragen bereits bei kleinen Mengen nach Rabatt, die Zurückhaltenden fragen erst bei einer größeren Menge, zum Beispiel einem Sechserpack, nach einer Vergünstigung.

Als Dorfladen unterstützt man ja auch immer wieder Vereine, welche dann wiederum für ihre Anlässe die Waren im Laden beziehen.

Kürzlich war es wieder mal so weit und eine größere Sportgruppe hatte ihre Generalversammlung. Sie bestellten für Dorfladenverhältnisse viel. Vom Vorjahr wusste ich allerdings, dass sie etwa einen Viertel der Ware wieder zurückgegeben hatten.

Der Einkäufer fand jedenfalls, dass ihnen als großer Verein ein größerer Mengenrabatt zustehen würden, schließlich könnten sie solche Mengen auch direkt im Großhandel beziehen und erst noch günstiger.

Ich wollte ja nicht so sein: Ich erwähnte erst einmal, dass sie beim Großhandel nichts zurückgeben könnten und machte dann ein Angebot: Sie mussten nur den Einkaufspreis bezahlen plus Mehrwertsteuer, sowie den Lohn für meinen Aufwand. Begeistert schlugen sie ein. Sie bestellten wie die Weltmeister – und ich schrieb jede Minute auf, welche ich damit verbrachte, Ware umzuschichten, zu liefern, verrechnete Mietkosten für die Kühlschränke und Kabelrollen.

Für die Nachlieferung der Ware um Mitternacht (sie befürchteten, zu wenig Bier zu haben), verrechnete ich meinen Nachttarif. So machte es richtig Spaß; zum ersten Mal verdiente ich an einem solchen Anlass Geld und die Kunden waren zufrieden: sie hatten ihren Rabatt!

Entsprechend fiel die Rechnung um 25% höher aus als im Vorjahr. Ein Vergleich zeigte aber, dass sie wesentlich weniger Waren konsumiert hatten.

Offenbar war es ihnen auch aufgefallen; mit diesem Verein hatte ich nie mehr Preisdiskussionen und das schlimme Wort wurde nie wieder erwähnt!

Dafür musste ich nun aber meinen Lieferanten in die Mangel nehmen: Schließlich wollte ich von nun an auch wieder an der Ware verdienen, wenn ich meine Arbeitsstunden nicht verrechnen konnte! Wir verhandelten über Mengenrabatt ...

Skirennen

Es gibt Anlässe, die bringen eine ganze Nation durcheinander; Skirennen sind so etwas! Wenn am Samstagmittag ein Skirennen im Fernsehen übertragen wird, könnten wir den Dorfladen eigentlich schließen.

Als dynamischer Jungunternehmer kommt dies für mich aber nicht in Frage! Wir machen daraus einen Event! Mit einem lokalen Händler für TV-Geräte habe ich einen Deal ausgehandelt: Ich stelle ein Gerät aus, lasse Sportveranstaltungen drauf laufen und dafür bekommt er seine Werbung dazu. So kommt es, dass in unserem Laden alle Skirennen live übertragen werden und die Kunden trotz Veranstaltung einkaufen können.

Als Schweizer leidet man ja logischerweise auch etwas mit. Ja, in den letzten Jahren war es ein Leiden! Und erst recht, wenn man Österreicher im Laden hatte. Kürzlich kommentierte ein Sportreporter, dass eine super Mannschaft die Rennen dieses Winters bestreiten würde und dass die Erfolge sehr gut verteilt wären; nicht einer gewinnt alle Rennen, nein, 6 Wettbewerbe werden von 5 Fahrern gewonnen.

Halloo? Super Mannschaft? Wenn ich etwas nicht leiden kann, dann sind es Moderatoren (in rosa Krawatten), welche mir erklären wollen, dass es eine Topmannschaft sei, wenn jedes Teammitglied nur ein Rennen gewinnt und sich in den meisten anderen Abfahrten unter „ferner liefen" klassiert.

Sicher ist es interessanter, wenn jedes Mal ein Anderer auf dem Treppchen steht; aber mit einer tollen Mannschaft hat das nichts zu tun!

Sicher ist es unangenehm, wenn die ersten 5 Plätze immer von Österreichern belegt werden und diese sich in der Reihenfolge etwas abwechseln – aber das bezeichne ich als gute Leistung!

Aber gegen die Österreicher habe ich ja auch nichts; die sind immer freundlich. Wenn ich einem Österreicher mit dem Einkaufswagen in die Beine fahre, entschuldigt er sich, weil er mir im Weg stand. Und das geschieht während Skirennen im Fernsehen doch öfters - besonders, wenn sich die heimische Elitemannschaft um die Plätze 35 bis 42 streitet!

Aber eigentlich ist es ja ein totaler Blödsinn; warum versucht man, in einer solchen Sportart besser zu sein, als andere? Die Differenz beträgt manchmal nur wenige Hundertstelsekunden! Wenn man da am Pistenrand steht und diesem Treiben zusieht, kann man den Unterschied mit bloßem Auge gar nicht feststellen.

Da ist doch ein Sport mit Punkten und Treffern viel interessanter; da kann man selbst mitzählen und weiß, warum jemand gewonnen hat. Klar, wenn ein Fußballspiel mit 0:0 endet, weiß man auch nicht, welche Mannschaft besser gespielt hat. Wenn ein Team besser spielt aber keine Tore schießt, so war es zwecklos! Als ob ich den ganzen Tag Preise tippen, aber nicht einkassieren würde!

Aber eigentlich sind wir ja eine Tennisnation; auch wenn gewisse Spielerinnen

„die Nase voll" haben …

Klatsch

Wie sagte einst Wilhelm Busch? „Klatschen heißt anderer Leute Sünden beichten." Als moderner Dorfladen führen wir auch ein Sortiment an Zeitschriften. Täglich kommen neue Ausgaben und die alten müssen aussortiert und zurück gesendet werden. Dabei lese ich immer stets die Titelseiten und weiß somit immer, wer mit wem und warum. Und in der Woche darauf folgt die gegenteilige Meldung oder die Richtigstellung.

Es gibt auch Abonnentinnen; diese lassen sich jede Woche ihre Zeitschriften auf die Seite legen. Sie wissen immer, wann die neue Ausgabe eintrifft. Und sie glauben nie, wenn es eine Lieferverzögerung gegeben hat, dass ihre Lektüre noch nicht eingetroffen ist.

Wehe, man vergisst einmal das Klatschheft zu reservieren! Dann ist der Teufel los! Das verzeihen die Abonnentinnen nie und müssen es mindestens ein Jahr lang jede Woche erwähnen.

Die Kundinnen treffen sich täglich im Kaffee in der Nähe des Ladens. Ich möchte ja nicht wissen, was die alles bereden!

Ab und zu sickert etwas zu mir in den Dorfladen durch. Meist sind es Dinge, die man nicht Nachlesen kann. So wurde ich des Öfteren ein bisschen ausgefragt; scheinbar gehöre ich zur Prominenz. Manche Frauen fragen direkt, aber natürlich nie für sich selbst; die Anderen hätten wissen wollen …

Mein Zivilstand und meine Familienverhältnisse sind die dringlichsten Fragen, welche das Dorf bewegen. Jede neue Verkäuferin an der Kasse wird gleich als meine Frau gehandelt, oder Freundin, oder Geliebte …

Natürlich habe ich mir daraus einen Jux gemacht: Ich kenne meine Pappenheimer und weiß genau, welche der Damen mit wem verkehrt.

So nutzte ich die Gelegenheit, einer dieser Frauen zu sagen, sie dürfe sich an der Kasse bei meiner „Freundin" melden. Sie konnte es fast nicht erwarten, die Neuigkeit im Dorf zu verbreiten – zehn Minuten später war bereits die Zweite im Laden.

Diese schickte ich absichtlich zu meiner „Frau" an die Kasse. Einer Dritten jammerte ich vor, dass die Frau an der Kasse schwanger sei. Können sie sich das Drama vorstellen? Frau oder Freundin? Schwanger? Es ging so weit, dass sich der

Ehemann einer der Klatschtanten zu mir gesellte und die attraktive Frau an der Kasse rühmte. Ich erzählte ihm hinter vorgehaltener Hand, dass sie meine Geliebte sei! In den nächsten Wochen hatte ich mehr Kunden im Laden als je zuvor; ich liebe Klatsch!

Spontanbewerbung

Wenn Stellensuchende aktiv sind und sich wirklich um eine Anstellung bemühen, so finde ich es sehr schade, wenn ich ihnen keine Arbeit anbieten kann. Dabei ist es egal, ob jemand gut Deutsch spricht oder nicht. Aber hallo?! Wenn jemand plötzlich in meinem Büro steht und fragt, ob ich ihr einen Stempel für das Arbeitsamt geben könne, dann werde ich echt sauer!

Es gibt ein paar Dinge, die gehen im Verkauf einfach nicht:

Vorstellungsgespräch im Jogginganzug, nach Urlaub fragen, bevor man weiß, ob eine Stelle frei ist und ohne Unterlagen nach einem Job fragen.

Mir ist aufgefallen, dass fast alle Spontanbewerber eine Stelle suchen, aber nur die wenigsten eine Arbeit!

Deshalb habe ich ein kleines Blatt kreiert: Darauf sind die Angaben notiert, welche ich in einer Bewerbung verlange; und eine Bewerbung hat schriftlich zu erfolgen! Es gibt von mir keine Stempel umsonst; wer sich korrekt bewirbt, erhält eine schriftliche Absage, wenn ich keine Stelle anzubieten habe oder wird eingeladen, wenn etwas Passendes frei ist. Seltsamerweise musste ich nie eine Absage schreiben und auch nie jemanden einladen …

Kürzlich stand meine Traumkandidatin in meinem Büro, ich kurz vor Kaffee Nummer 7 (Spontanbewerber kommen nie vor der vierten Tasse!). Fettige Haare (nein, ich habe immer noch lieber keine!), stank nach Rauch, im Jogginganzug aus den Siebzigern und sagte eben diesen Satz, den genau so eine Person nie sagen darf: „Ich brauche einen Stempel für das Arbeitsamt!“

So nicht! „Das trifft sich aber gut, dass sie heute kommen, ich suche tatsächlich gerade jemanden!“ sagte ich zu ihr. Sie wurde blass! „Ich kann aber samstags nicht arbeiten und eigentlich nur zwischen 9 und 11 Uhr,“ stammelte sie. „Ach, das macht nichts, wenn sie genau die richtige Person sind, dann werden wir es schon einrichten. Bei mir haben die Mitarbeiter 50% Ermäßigung auf das gesamte Sortiment und 8 Wochen bezahlten Urlaub. Der Stundenlohn beträgt Fr. 35.00, nicht wie bei der Konkurrenz nur Fr. 18.00.“ Sie wurde kreidebleich.

„Bestimmt haben sie mir ihre Bewerbungsunterlagen mitgebracht?! Die würde ich mir jetzt gerne ansehen!“ „Nein, die habe ich nicht dabei … ehhhmmm … ich habe gar keine, so was habe ich noch nie gebraucht!“

„Oh, dann sind sie nicht die Richtige, tut mir leid!“ sagte ich knapp. Sie verließ den Laden und blieb noch eine halbe Stunde am Brunnen stehen, bis sie wieder etwas zu sich kam. Ich kann ja so nett sein!

Aner und Oten

Überall, wo es Menschen gibt, gibt es Aner und Oten. Was das ist? Ein reicher Einwohner eins Ortes: Wer in Bern wohnt und reich ist, ist entweder ein Bernianer oder ein Berniote. Ein Aner ist ein Reicher, der das Geld aus Familientradition in größeren Mengen hat, als der Durchschnittsmensch. Der Aner ist irgendwie „edel“, er hat das Geld, man sieht es ihm an, aber er protzt nicht damit. Der Aner gibt sein Geld mit Bedacht aus. Er ist „des Vermögens würdig“. Meist lebt er in alten Häusern, welche schon seit Generationen im Familienbesitz sind. Er ist eine Art „Ureinwohner“ – und von Indi**aner** leitet sich die Bezeichnung ab.

Oten sind die Neureichen. Sie haben ihr Geld irgendwoher bekommen, aber nie wirklich dafür arbeiten müssen (haben viele Aner auch nicht). Sie sind durch puren Zufall oder Betrug reich geworden. Oder weil sie den Schwager des Onkels eines Bankdirektors kennen oder im Verwaltungsrat sind und nun jede Menge Geld dafür erhalten. Oten stehen auf Statussymbole, wie Schmuck und auffällige Autos. Nur das Beste ist gut genug. Kennen sie die Tradition noch, wo man vom Metzger eine Scheibe Wurst bekam? Oten verlangen nach einer Scheibe Hobelfleisch für ihre Kinder! Selber essen sie Dinge, die sie zwar nicht mögen, aber weil es gerade Mode ist, wird mitgemacht. Oten sind immer laut und auffällig.

Sie bezahlen mit Kreditkarte, bis das Limit aufgebraucht ist und zücken dann einfach eine andere Karte. Die Kinder haben bereits ein Handy, wenn sie in den Kindergarten gehen. Kurz: Oten geben das Geld mit vollen Händen aus – an und für sich interessante Kunden.

Kürzlich hatte ich eine Otin an der Käsetheke und sie fragte nach einem Käse mit echtem Gold. Kürzlich sei im Fernsehen gezeigt worden, dass es Schokolade und auch Fleisch mit Blattgold gebe. Nun hätte sie gedacht, sie könnte ihren Gästen ja etwas Exklusives anbieten; eben einen Käse mit Gold.

Ich finde das Essen von Gold etwas vom einfältigsten das man tun kann! Es hat weder Geschmack noch Geruch, geschweige denn Nährstoffe oder Vitamine!

Ich holte tief Luft: „ Meine Liebe, sie denken doch nicht im Ernst, dass ich Käse mit Blattgold hier in der Theke aufbewahre?? So etwas Seltenes und Wertvolles, Edles und Unvergleichliches bewahre ich in meinem Kühltresor auf! Und wissen sie: Den verkaufe ich nicht jedem! Es bringt nichts, jemandem so etwas anzubieten, der keine Ahnung davon hat." Sie nickte verständnisvoll. „Aber für sie habe ich etwas noch viel Edleres, als Käse mit Gold: Käse mit echten Kristallen!"

Ihre Augen leuchteten. Ich ging zum Kühlraum, holte ein Stück Emmentaler mit schönen Salzkristallen, hobelte ihn ganz fein und verkaufte ihr 200 Gramm davon zum Preis, den ich sonst für 5 Kilo verlange. Sie war glücklich, also war ich es auch.

Und woher die Bezeichnung „Oten" kommt, haben sie bestimmt auch schon herausgefunden!

Promis

Wann ist jemand prominent? Wenn jemand etwas geleistet hat? Nein, das tun viele und sind deshalb noch keine Promis. Wenn jemand schön ist? Nein, das ist Voraussetzung, um ins Fernsehen zu kommen und dann allenfalls berühmt zu werden.

Ich definiere prominent so: Wenn ich mich in einer bestimmten Region bewege, so werde ich von vielen Menschen erkannt und mit Namen begrüßt. Sie wissen mehrheitlich, was ich mache oder warum man mich kennt.

Wenn man jemanden zwar kennt, aber das Publikum nicht weiß, warum, so sollte man etwas für die Bekanntheit machen: zum Beispiel im Dschungel vor laufender Kamera Würmer fressen! Oder sich mit anderen Unbekannten für ein paar Wochen in einem Haus einschließen lassen und über Lautsprecher verkünden, ob man aufs Klo darf.

Jedenfalls pflegte ich einen guten Draht zu den lokalen Medien, um meine Bekanntheit (und die des Ladens!) zu erhöhen, indem ich immer wieder in sogenannten Publireportagen erschien. Das sind Informationsseiten in journalistischem Stil, welche einzig dem Zweck der Werbung dienen; tue Gutes und sprich darüber! Dadurch erreichte ich eine gewisse „Bekanntheit" in der Region.

Ich gebe zu, ich genoss es schon, dass man mich auf der Straße erkannte. Ich kaufte mir ein Auto mit Automatikgetriebe, um nicht mehr schalten zu müssen; so konnte ich meine Hand immer oben lassen, wenn ich durchs Dorf fuhr! Auch beim Ausgehen war ich nie mehr alleine; immer kannte ich jemanden (oder wenigstens sie mich) und so setzte ich mich einfach zu den Leuten hin.

Mit zwei großen Nachteilen: Ich durfte immer den Wein bezahlen und das Thema war stets der Laden und was man da noch besser machen könnte. Oder beim Mittagessen im Restaurant: Sie setzten sich an meinen Tisch und redeten mir die Ohren voll (und beobachteten dabei genau, ob ich mir mit der Salatsauce das Hemd besudle!). Manchmal haben wir Promis es nicht einfach!

Wissen sie, wie ein TV-Moderator am Morgen aussieht, wenn er im Dorfladen Rasierzeug und Zahnbürste kaufen muss? Übel, ganz, ganz übel! Ich hätte ihn nicht erkannt, aber meine Mitarbeiterinnen konnten fast nicht weiterarbeiten. Dabei wusste man, dass er gar nicht auf Frauen steht und eben ... er sah übel aus!

Und dann fiel mir auf, was bei ihm anders war, als bei mir - die Paparazzi hatte ich nicht! Nachdem er an der Kasse bezahlt hatte, nahm ich ihn beiseite und zeigte ihm den Personalausgang; dort konnte er unerkannt verschwinden und ich nutzte die Fotografen vor der Türe für meinen Auftritt: Ich trat hinaus und stellte mich dem Blitzlichtgewitter; zu meinem Erstaunen war es nur kurz (eigentlich war es gar nicht). Keiner erkannte mich, auch nachdem ich mich vorgestellt hatte, nichts! Kein Bild in der Zeitung. Vielleicht sollte ich doch mal in den Dschungel?

Ärzte

Gehen sie auch manchmal zum Arzt? Dann kennen sie bestimmt auch das Gefühl, welches einen beschleicht, sobald man vor dem „Halbgott in Weiß“ steht. Eine sonderbare Mischung aus: „der weiß alles“ und „du hast mir nichts zu sagen, ich bin dein Kunde“! Ich jedenfalls denke so, besonders dann, wenn der Arzt jünger ist als ich. Aber immer, wenn ich einen Arzt in seiner Praxis aufsuche, habe ich Schmerzen und will diese loswerden ... und der gute Doktor kann mir helfen.

Interessant werden Ärzte aber dann, wenn sie bei mir im Laden stehen. Der Landarzt ist eigentlich ein armes Schwein; der kann nie in Ruhe einkaufen! Jeder kennt ihn und will eine Gratisdiagnose oder ist neidisch über den tollen Wagen, den er fährt.

Dabei sind Ärzte (jedenfalls die, die bei mir einkaufen) total überfordert! Mir scheint, dass die langen Studienjahre fürs echte Überleben nichts nützen.

Ohne Assistenz sind sie aufgeschmissen. So sind Ärzte auch immer am Handy und müssen ihre Frauen zuhause fragen, welche Suppe sie nun kaufen müssen oder ob sie nun 3 oder 4 Orangen kaufen sollen. Dabei werden sie von den anderen Kunden um das tolle Handy beneidet.

Aber Ärzte sind auch sehr dankbar, wenn man ihnen hilft. Wenn ich Zeit habe, gehe ich jeweils zu den Kunden und verwickle sie in ein Gespräch; dabei können sie ganz nebenbei fragen, was das wohl heißen soll auf dem Zettel ihrer Frau oder wie eine bestimmte Frucht denn aussehe oder auf was man beim Kauf von Bananen achten müsse. So haben die Ärzte nie das Gefühl, um etwas gebeten zu haben. Ja, ich kann auch nett sein!

Kürzlich kam eine alte Frau in den Laden, nachdem sie beim Arzt war. Generaluntersuchung: und wütend war sie! „Sie glauben ja gar nicht, was mir der Arzt vorhin gesagt hat! Ich sei viel zu schwer und wenn ich so weitermache, würde ich den 70. Geburtstag nicht erleben! Dabei bin ich schon 78!"

Ich hörte ihr zu ... sie ließ richtig Dampf ab und kaufte Dinge, die ihr der Arzt empfohlen hatte. Aber immer brauchte sie Rat: Welche Müsliflocken lecker seien (als ob man die Worte „lecker" und „Müsli" im selben Satz verwenden könnte!), welche Diät-Konfitüre (sehe ich aus, als ob ich Diätkonfitüre verwenden würde?) und welcher Orangensaft ungezuckert sei. Naja, wenn 100% Orangensaft draufsteht, kann er nicht gezuckert sein; aber das glaubte sie mir nicht. Jedenfalls war die halbe Stunde sehr anstrengend. Bis sie alles hatte, waren wir beide schlecht gelaunt; sie hinterfragte alles, was ich sagte und der Arzt war ein Idiot. Sie nörgelte an allem herum und nichts war gut genug. Als sie an der Kasse ankam, stänkerte sie immer noch. Ich konnte es nicht unterlassen, vor ihren Augen eine Schokolade zu öffnen und ein Stück zu essen. Sie schaute mich an, sagte aber nichts. Sie ging zum Schokoladeregal und kaufte 5 Tafeln. Danke Herr Doktor!

Lächeln

Bestimmt kennen sie das auch: Morgens im Bus und keiner lächelt. Alle machen ein Gesicht, als wären sie auf dem Weg zur Schlachtbank oder zur Arbeit ...

Sicher geht es einem nicht jeden Tag gut; manchmal steht man mit dem falschen Bein auf. Auch ich sehe nach nur zwei Stunden Schlaf nicht so glücklich aus, als wenn ich mittags von der Sonne geweckt werde; aber wenigstens weiß ich dann, warum ich zu wenig geschlafen habe. Und wenn man es genau betrachtet, mangelt es einem dann an Schlaf, wenn man seine Freizeit überdehnt hat - und Freizeit ist Vergnügen! Also kein Grund, nicht zu lächeln.

Wenn ich es mal nicht mehr schaffe, morgens zu lächeln, dann versuche ich andere dazu zu bringen.

Zeige einem Kind ein Bonbon, und es lächelt. Zeige einem Alkoholiker ein Bier und er lächelt. Zeige einem Hund ein Würstchen und er wedelt mit dem Schwanz.

Schenke einer Frau Aufmerksamkeit und sie lächelt. Es ist so einfach!

Ich habe mir vorgenommen, jeden Tag mindestens ein Lächeln zu entlocken! Ja, manchmal fällt es wirklich schwer. Wenn nachmittags um 5 Uhr noch niemand gelächelt hat und die paar Kunden im Laden nicht wirklich danach aussehen, es zu wollen, dann braucht es etwas mehr.

Wann lächeln Menschen? Wenn sie unsicher sind! Wären sie sicher, dass niemand sie beobachtet, würden sie laut lachen! Oder wenn sie sicher sind, dass andere es auch lustig finden.

Aber man könnte ja die Aufmerksamkeit auf sich ziehen ... oder gar selbst Opfer des Witzes werden!

Wenn ich nun jemanden zum Lächeln bringen will, muss eine lustige Situation entstehen! So kam es, dass eine Frau an die Kasse kam (es war halb 6 Uhr) und jede Menge kleiner Dinge aufs Kassenband legte: Miniportionen Fleisch, einen Apfel, ein Joghurt, löslichen Kaffee im Portionenbeutel, Mikrowellengerichte.

Ich sagte zu ihr: „Sie leben bestimmt in einem Singlehaushalt?!“ Sie schaute zu mir auf und lächelte verlegen (Ziel erreicht!). „Haben sie das an den Dingen gesehen, die ich hier einkaufe?“ fragte sie.

„Nein, weil sie so hässlich sind, können sie nur Single sein!“ Die Schamröte stieg ihr ins Gesicht: „War eine blöde Frage, sicher haben sie es an meinem Einkauf gesehen!“ sagte sie irritiert. Ich lächelte (sie war hässlich – nein, falsch: Sie hat mir nicht gefallen!).

Und die ganzen Kunden, welche nach ihr anstanden und das Gespräch mitbekommen hatten, lächelten auch. Einerseits, weil sie wirklich nicht hübsch war, andererseits weil keiner wusste, ob er das nächste Opfer sein würde. Ich kann ja so gemein sein - aber sie haben gelächelt!

Urlaub

Irgendwann braucht jeder etwas Urlaub; abschalten, nichts müssen, am Morgen ausschlafen. Auch ich!

Ich hatte meinen lange geplant. Das heißt konkret: Ich hatte mir vorgenommen, im Sommer zwei Wochen nicht zu arbeiten. Ich wusste bereits Anfang Jahr, wann die Mitarbeiterinnen Urlaub planten; also legte ich meine zwei Wochen auf Ende Juni.

Und wie ich eben manchmal plane (dauert ja noch ewig, bis es soweit ist), kam es dazu, dass ich am Mittwoch vor meinem geplanten Urlaub langsam Aushilfspersonal suchte. Wenigstens die Stunden, in denen ich im Laden arbeitete, sollten überbrückt werden. Die ersten beiden Studentinnen sagten ab; die Dritte rief am Freitagabend zurück und sagte, dass sie ab Mittwoch kommen könne.

Immerhin, ich hatte ja nichts gebucht, also konnte ich auch erst ab Mittwoch Urlaub machen, kein Problem.

Mittwochmorgen, herrlich, ausschlafen. Bis es um 7 Uhr an der Türe klingelte. Ich wollte nicht wissen, wer das war. Ich schloss meine Augen noch einmal, bis um halb 8 Uhr die Baumaschinen vor dem Haus ihre Arbeit begannen. Dieser Tag war gelaufen, bevor er angefangen hatte.

Am Donnerstag wieder Baumaschinen und um halb 9 Uhr der Briefträger. So konnte es nicht weitergehen! Ich musste weg, aber am Freitag musste ich in den Großmarkt, Ware einkaufen und in den Laden bringen.

Also, so dachte ich, gemütliches Wochenende zuhause. Wissen sie, wann mein Nachbar den Rasen mäht? Samstags, um halb 8 Uhr; aber nicht am Abend! Ich stopfte mir Watte in die Ohren und verkroch mich unter der Bettdecke. Als ich wieder erwachte, regnete es und es war halb 3 Uhr.

Am Sonntag war endlich Ruhe! Dauerregen, meine erste Urlaubswoche war vorbei. Wissen sie, wie man den Tag nennt, wenn es zwei Tage geregnet hat und es nun wieder schön ist? Richtig: Montag! Die Bauarbeiten hatten wieder pünktlich begonnen, ich packte meine Tasche und setzte mich ins Auto!

Ich fuhr bei schönstem Sonnenschein Richtung Tessin. Ohne anzuhalten in den Süden, Gotthardtunnel, Airolo. Inzwischen waren Wolken aufgekommen und die Anzahl Autos war gestiegen.

Jedenfalls hatte ich Bellinzona noch nicht erreicht, als ich im Stau stand und es zu Regnen begann. Immerhin war der Regen etwas wärmer als am Vortag zuhause. Gegen Abend hatte ich ein Zimmer gefunden und der Regen ließ nach; um am nächsten Morgen noch kräftiger zu fallen.

Ich fuhr Richtung Graubünden, sah Schnee (frischen) und deshalb fuhr ich durch bis nach Chur.

Nicht, dass es dort etwas zu sehen gäbe, nein, ich war nur zu müde um weiterzufahren. Also übernachtete ich dort. Am Mittwoch musste ich an eine Informationsveranstaltung in Luzern. Während der Veranstaltung rief mich meine Studentin an, sie habe etwas übersehen und müsse Donnerstag und Freitag an die Uni. Natürlich habe ich ab Donnerstag wieder gearbeitet, und musste feststellen: Es ist weniger anstrengend zu arbeiten, als Urlaub zu machen.

Die nächsten Ferien würde ich jedenfalls besser planen, aber bis dahin dauert es ja noch ewig …

Gute Nachrichten

Haben sie sich auch schon überlegt, wie die Welt wohl aussehen würde, wenn man nur noch gute Nachrichten hören oder lesen würde? Klar: Es würde das gleiche geschehen, aber weil man darüber positiv berichtet, würden die Menschen weniger Angst haben und dadurch positiver leben!

Ein Beispiel: In einer Massenkarambolage stoßen 100 Autos zusammen und die Nachrichten berichten vom tragischen Tod von 5 Menschen. Das ist schlimm, besonders für die Angehörigen; kein Zweifel. Wie viele Eltern stellen sich nun vor: Was, wenn das mein Kind wäre? Ich habe immer gesagt, dass es auf der Straße gefährlich ist!

Würde man die gleiche Nachricht positiv schreiben, so würde es heißen: Massenkarambolage mit 100 Autos. Über 100 Personen überleben das Unglück, mehrheitlich sogar unverletzt! Viele Mütter würden denken: Zum Glück ist nicht mehr passiert! (Und ihre Kinder mit einem besseren Gefühl wieder auf die Straße lassen)

Ich habe mir natürlich überlegt, wie ich im Dorfladen schlechte Nachrichten positiv darstellen kann. So zum Beispiel bei einem Preisaufschlag. Da gibt es zwei Möglichkeiten: Entweder man verschweigt es oder man unterstreicht die Vorzüge.

Klar: Wenn Milch mehr kostet, so wird sie vermutlich nicht mehr Vitamine haben oder besser schmecken (das würde ich persönlich als echten Mehrwert betrachten!) Also verschweigen und dafür auf einen Preisabschlag bei einem anderen Produkt hinweisen.

Wenn in einem schlechten Sommer die Salatpreise so hoch sind wie seit Jahren nicht mehr, so muss man schreiben: Noch nie mussten die Gemüsebauern so wenig bewässern, wie in diesem Jahr! (Das erklärt zwar nicht den Preisaufschlag, aber weniger bewässern ist gut für die Umwelt und was gut ist für die Umwelt, kostet nun mal was).

Eine meiner „Lieblingskundinnen“ hat sich kürzlich beschwert, dass ihr Waschmittel schon wieder einem Preisaufschlag unterlag und sie nicht bereit wäre diesen zu bezahlen. Jedes Mal, wenn sie ein Pack dieses Produktes kaufe, sei es teurer!

(Sie hatte recht – sie war mein Lieblingsekel und somit Gradmesser für das Testen von Preiselastizität, wie viel etwas teurer werden kann und immer noch gekauft wird!) Sie brachte mir sogar den Kassenzettel vom letzten Mal mit um es zu beweisen. Was nicht nötig gewesen war, ich hatte den Preis schließlich persönlich geändert. Ich fragte sie, was sie nun machen wolle? Darauf antwortete sie: „Nicht mehr hier kaufen!“ „Wie lange fahren sie mit dem Rad in die Stadt?“ fragte ich zurück. „Ich werde ganz bestimmt nicht mit dem Rad in die Stadt fahren und Waschmittel mitschleppen! Ich nehme den Zug!“ antwortete sie unfreundlich. „Ach, und da fahren sie umsonst?“

Sie kauft das Waschmittel nach wie vor bei mir. Oder um es positiv zu sagen: Sie spart das Geld für die Fahrkarte!

Politiker

Ein Dorfladen erreicht doch eine gewisse Kundenfrequenz; wer als Lokalpolitiker gewählt werden will, der versucht gerne, davon zu profitieren. Einfacher kommt man nicht an die Wähler ran.

Ich als Ladenbesitzer wurde schon von verschiedenen Parteien angefragt, aktiv mitzumachen, weil ich doch einen gewissen Bekanntheitsgrad und Sympathiebonus (ich?!) hätte. Besonders umworben werde ich jedes Mal, wenn es darum geht, Kandidaten für ein Amt zu finden, welches eh keiner will.

Aber ich exponiere mich ganz bestimmt nicht in einer politischen Partei; wenn, dann müsste ich in einem Land leben, wo 98% der Bevölkerung die gleiche Partei wählt. Und ob das dann wirklich eine Partei wäre, welche ich gut finde, bezweifle ich. Stellen Sie sich vor: Ich würde als Gemeinderat für eine bestimmte Partei kandidieren! Und die „Nicht-Wähler“ dieser Partei würden daraufhin meinen Dorfladen meiden?! Nein, ich vertreibe meine Kunden schon persönlich!

Ich erlaube den Parteien jeweils, ihre Informationsstände vor meinem Laden aufzubauen. Am liebsten habe ich es, wenn mehrerer Parteien gleichzeitig da stehen. Erstens werde ich dann nicht direkt einer Richtung zugeordnet und zweitens versuchen sie sich gegenseitig mit Angeboten und Geschenken zu übertrumpfen.

So hatte ich schon oft Gelegenheit, Politiker zu beobachten. Dabei habe ich festgestellt: Es gibt drei Arten:

Die Einen stehen mit ihrer Meinung immer alleine da. Die wählt niemand und es hört ihnen auch niemand zu.

Die Zweiten sind die Populisten; die sagen immer, was das Publikum hören will und ändern ihre Meinung wie ein Fähnchen im Wind.

Und die Dritten sind die „Qualifizierten Minderheiten“; sie hätten zwar etwas zu sagen, sind aber in so kleinen Interessengruppen vertreten, dass sie keine Macht ausüben können. Und innerhalb der Gruppe so unterschiedlicher Meinung sind, dass sie sich gegenseitig nicht wählen können.

Ich glaube, das ist Taktik: Am Ende weiß man nicht mehr, wen man wählen soll und wählt plötzlich die Menschen und nicht die Parteien – aber weil man so den Überblick verliert, wählt man nach Äußerlichkeiten oder Medienpräsenz und nicht nach Inhalt oder Programm.

Und wenn sie einmal gewählt sind, sitzen sie in der Regierung und müssen die ersten Jahre herausfinden, wer nun was zu sagen hat und welche Meinung nun richtig ist.

Ich mag nur wenige Politiker: Die, die bei mir im Laden einkaufen! Und ihren Wahlsieg mit Wein aus meinem Laden begießen!

Handwerker

Es gibt Menschen, die können etwas, was andere nicht können. In meinem Fall ist es fast alles Handwerkliche. Also das, was ich nicht kann!

Ich habe zwar immer eine Idee, wie etwas sein sollte, aus welchem Material und ich weiß, wo man das Material herbekommt. Aber wenn ich zwei Löcher in eine Wand bohren soll, so werden sie nie dort hinkommen, wo ich sie mir vorgestellt hatte.

Die Modernisierung des Dorfladens erforderte ein Gerät für elektronische Bezahlung. Und dieses musste natürlich an praktischer Stelle montiert werden. Ich ging in den Baumarkt und holte mit ein paar Bretter, zwei Winkeleisen und ein paar Schrauben. Das Material kostete weniger als das Benzin, welches mein alter Bus verbrauchte um in den Baumarkt zu fahren.

Mit einer viel zu großen Säge schnitt ich die Bretter in die richtige Größe und konstruierte ein Tischchen. Es war nicht wirklich schön, stabil schon gar nicht. Und das Gerät, welches darauf hätte platziert werden sollen, war scheinbar zwischenzeitlich gewachsen; es schaute auf beiden Seiten 2 cm über das Tischchen hinaus.

Also wurde ein Handwerker beauftragt.

1. Regel: Sag nie einem Handwerker, es eile nicht! Genau wie mein Laden ist der Handwerker auch der einzige im Dorf – und der macht mit seinen Kunden was er will. Wenn er dann nach dreimaligem Erinnern endlich im Laden steht und den Platz ausmisst, mit fachmännischem Blick über die Brille schaut und Mitleid ausstrahlt, dann weißt du: Das wird teuer!

2. Regel: Sag nie, es muss stabil sein! Er hatte sofort eine gute Idee; ein stabiler Würfel musste her, meine Tischchenform wäre zu wenig solid. Naja, so hatte ich es noch nie betrachtet und hatte deshalb eine weitere Idee: Wenn schon ein Würfel, dann mit Türchen, damit man das Verbrauchsmaterial auch gleich darin

aufbewahren kann. Wissen sie, was ein Türchen kostet? Ich beschloss jedenfalls, dass das Türchen nicht nötig sei!

3. Regel: Termin vereinbaren! Nach drei Wochen und 6-mal ermahnen, stand der gute Mann mit dem Würfel im Laden. Das Möbel war weder schön noch praktisch, aber es war stabil. Das Gerät konnte darauf montiert werden und funktionierte einwandfrei.

4. Regel: Lassen sie sich den Preis offerieren! Nachdem ich die Rechnung für den Würfel erhalten hatte, musste ich leer schlucken. Für so viel Geld hätte ich nach Brasilien fliegen, persönlich einen Mahagonibaum fällen und anschließend 3 Wochen im Urlaub bleiben können.

Naja, am Ende hat es sich dennoch gelohnt. Den Preis habe ich durch „individuelle Preisaufschläge" bei seinen nächsten Einkäufen wieder reingeholt. Ich hab's nicht in den Händen, aber im Kopf ...

Diäten

Es ist ganz normal, dass im Dorfladen mehr Frauen zusammentreffen als anderswo und dass das Thema Diät inmitten von Lebensmitteln ein beliebter Gesprächsstoff ist, versteht sich von selbst.

Ich persönlich mache schon seit Jahren die Dackeldiät: Alles essen außer Dackel!

Ich habe einen Wissensvorsprung: weil ich die Klatschhefte auch verkaufe, weiß ich immer, was demnächst ein Renner wird. Regelmäßig werden Ananaskuren empfohlen; deshalb werden diese Früchte in dieser Zeit intensiver bestellt und (sie ahnen es) „aufgewertet". Ein anderes Mal sind es Molkedrinks, dann wieder Vollkorn, gefolgt von Salat. Es wechselt immer wieder ab.

Ich habe eine Theorie: Viele Frauen verlieren durch eine Diät mehr an Gehirn als an Gewicht! Ich kann mir nicht erklären, warum frau nicht bemerkt, dass die gleiche Diät ein Jahr später auch nichts nützt, wenn man nicht seine Gewohnheiten verändert!

Kürzlich wurde mir von einer Vertreterin ein Diätprodukt vorgestellt, welches ich im Laden verkaufen konnte. Ich habe ihr einen ganzen Meter Regalfläche zur Verfügung gestellt (raten sie mal, ob die Vertreterin hübsch oder hässlich war?!)

Solche Produkte muss man aktiv verkaufen und beraten. Ich ließ mir deshalb alles ganz genau erklären und wurde so zu einem absoluten Fachmann. Ihre Augen waren dunkelbraun.

Bald wurden die ersten Kundinnen auf die neuen Produkte aufmerksam. Ich hatte viel zu tun, musste viel erzählen und konnte doch einige überzeugen, dass diese Produkte wirklich gut sind. Mein größtes Problem war aber, nicht zu offensichtlich zu sagen, dass sie es nötig hatten …

Eine meiner „Lieblingskundinnen" hatte vermutlich schon sehr viele Diäten ausprobiert, aber kein Gewicht verloren.

Sie war leicht beeinflussbar: Ich konnte ihr das ganze Sortiment verkaufen; jeden Tag lobte ich sie, dass man es schon sehe, es scheine zu wirken.

Irgendwann sagte ihr der Arzt, dass sie nicht abgenommen, sondern zugenommen hatte. Sie beklagte sich, dass dieses Futter bei ihr nicht wirke und wollte es nicht mehr kaufen. Somit zeigte ich ihr die neuen Schokoladen, welche jetzt weniger Fettgehalt aufwiesen; von nun an ernährte sie sich von diesen.

Die Vertreterin kam auch nicht mehr, wurde durch einen Mann ersetzt, welcher die Diät noch vor sich hatte. Außerdem waren jetzt wieder Molkedrinks angesagt und deshalb habe ich die Produkte wieder aus dem Sortiment geworfen.

Die Dackeldiät scheint trotz Daueranwendung nicht aufs Hirn zu schlagen!

Aktionitis

Im Detailhandel grassiert eine Krankheit! Alle Anbieter sind davon betroffen und begründen es mit dem Vorwand, die Kunden wollen es so! Die Theorie, die Kunden würden dann auch normalpreisliche Artikel kaufen, ist längst überholt! Denn: egal, wo ich einkaufe, ob im Discounter oder im Dorfladen, kann ich meinen Tagesbedarf mit Aktionsartikeln decken! Vielleicht gibt es dann nicht genau das Fleisch, welches ich am liebsten esse, dafür aber ein günstiges.

Es gibt verschiedene Aktionen welche in vierseitigen Zeitungen angeboten werden.

Die Artikel auf der Frontseite: Dort legt der Verkäufer drauf; die Artikel auf der Rückseite, dort verdient er nichts. Und bei den Artikeln in der Mitte verdient der Händler noch etwas, aber zulasten des Herstellers. Wenn sie nun also wollen, dass der Laden nicht draufzahlt, so kaufen sie immer die Artikel der Frontseite und im gleichen Wert Artikel von der Innenseite der Zeitung. Haben sie es bemerkt? Im Durchschnitt verdient der Anbieter an den Aktionsartikeln nichts! Wenn sie nun glauben, das sei nicht wahr, dann haben sie recht! In Wirklichkeit legt er noch drauf; schließlich muss man noch Strom und Personal, Ladenmiete und Versicherungen, Steuern und sonstige Kosten berappen. Auf Dauer kann sich das niemand leisten, also wird gespart, wo man kann.

Am schnellsten und einfachsten spart man beim Personal. Wenn man den Lohn senkt, spart man bereits im gleichen Monat Geld. Was wiederum dazu führt, dass sich die Menschen, welche im Verkauf angestellt sind, weniger leisten können und demnach günstiger einkaufen müssen!

Meine Strategie konnte deshalb nur eine andere sein: Ich musste an jedem Einkauf etwas verdienen! Glücklicherweise kauften nur wenige Kunden ausschließlich Aktionen. Und diejenigen, welche nur reduzierte Artikel kauften, mussten dazu gebracht werden, wenigstens mehr Artikel aus der Innenseite zu kaufen, als von Front- und Rückseite.

Eine Kundin hatte ich dabei besonders im Visier: Sie hatte immer das Flugblatt dabei und kaufte wirklich nur, was darauf angeboten wurde. Nichts anderes.

Deshalb bot ich ihr an, VIP-Kunde zu werden. Sie würde von speziellen Aktionen profitieren und ein VIP-Flugblatt erhalten. Sie war begeistert und gab mir ihre Adresse an. Ab sofort habe ich ihr jede Woche ein eigenes Flugblatt zugesandt. Nur ein zweiseitiges; die beiden Innenseiten des normalen Flugblattes erhielt sie von nun an … dazu eine Seite mit Neuheiten, welche aber nicht günstiger angeboten wurden.

Ich hatte nicht damit gerechnet, dass sie weiterhin mit dem Normalflugblatt im Laden auftauchen würde, zumal ich die Mehrkosten und den Aufwand für das VIP-Blatt zu tragen hatte. Manchmal sind die Kunden schlauer als ich - dafür grüßte ich sie von nun an nicht mehr! Irgendwo muss auch ich sparen!

Überqualifiziert

Haben sie sich auch schon irgendwo um eine neue Stelle beworben? Und haben sie den Job bekommen? Dann haben sie aber Glück gehabt! Haben sie schon einmal eine Absage erhalten? Dann kommt ihnen das Folgende sicher bekannt vor!

Ich habe mich neulich um eine neue Stelle beworben. Schließlich weiß niemand, wie die Welt in zehn Jahren aussieht und ob es den Dorfladen dann noch gibt.

Also habe ich begonnen, auf Stelleninserate zu antworten, welche mich wirklich interessieren. Dabei gibt es für mich nur zwei Varianten: Entweder mache ich einen Karriereschritt vorwärts oder ich lehne mich ein bisschen zurück und mache etwas, das mir Spaß macht. Vielleicht etwas weniger „anspruchsvoll“ ist, als das, was ich derzeit tue. Wenn ich diese Veränderung nicht möchte, kann ich ja ganz gut bleiben, wo ich jetzt bin.

Ich habe mich, wie gesagt, auf verschiedene Stelleninserate beworben. Doch dann kam der Hammer: Niemand wollte mich! (Ich kann auch lieb zu Kunden sein, wenn ich angestellt bin!).

Einige der Absagen waren plausibel: Kandidaten gefunden, welche bereits in dieser Branche gearbeitet hatten, das Beherrschen von 25 Fremdsprachen ist unerlässlich, usw. Und dann gab es Absagen, aus denen nicht hervorging, warum ich abgelehnt wurde. Diese werden dann oft mit dem Satz beantwortet: „Wir wurden von Bewerbungen überhäuft und müssen ihnen daher einen negativen Bescheid geben".

Und scheinbar ist es heute üblich, nicht mehr zu antworten. Diese Firmen machen mich sauer, echt sauer! Ich schreibe auch nicht jedem Dödel zurück, der eine Bewerbung auf einem Fresszettel sendet und keine Unterlagen dabei hat; aber wenn man eine teure Mappe mit Farbkopien einsendet, so erwarte ich als absolutes Minimum eine anständige Absage.

Und wissen sie, was mich noch mehr aufregt? Eine Absage mit der Begründung: Überqualifiziert!

Man stelle sich das vor! Überqualifiziert heißt ganz genau: Die Stelle erfordert nicht alle Fähigkeiten, die ich mitbringe (aber ich bringe sie mit!). Das ist die dämlichste Absage, die es geben kann, liebe Personalchefs! Wenn ich nämlich überqualifiziert bin, so weiß ich ja genau, was diese Stelle beinhaltet und wenn ich das nicht tun wollte, dann würde ich mich bestimmt nicht darauf bewerben! Reden sie doch mal mit dem Kandidaten! Einen Besseren kann man sich ja gar nicht wünschen; einen, der alles kann und noch viel mehr, aber aus irgendwelchen Gründen etwas unter seinen Fähigkeiten tun will.

Oder würde er auf unterqualifizierte Chefs treffen? Dann schreiben sie es doch so! Aber hören sie auf mit solchem Mist! Nach jeder Absage aufgrund meiner Überqualifikation brauche ich zwei Tafeln Schokolade; eine um mich zu beruhigen und die zweite um mich zu belohnen, weil ich zu gut bin! Das ist auf Dauer ungesund!

Fasnacht

Alle Jahre wieder: Die Menschheit zieht sonderbare Gewänder an und irrt ziellos umher! Nein, nicht das Militär, ich meine die Fasnacht! Entweder, man liebt sie oder man hasst sie, ich glaube, dazwischen gibt es nichts. Und die, die sie nicht lieben, aber trotzdem mitmüssen, die besaufen sich derart, dass sie sie nicht mehr mitbekommen. Und die, die sie lieben, besaufen sich aus Freude.

Dort, wo ich aufgewachsen bin, kannte man Fasnacht nur aus dem Kalender. Zum

Monat Februar ist damals niemandem ein anderes Bild eingefallen, als das der Fasnacht. Ich nehme an, dass ich aus diesem Grund keine wirkliche Beziehung zu diesem Brauchtum entwickelt habe.

Als Ladenbesitzer in einem Dorf, wo Fasnacht einen größeren Stellenwert hat, kann man sich diesem Treiben natürlich nicht entziehen. Also haben auch wir den Laden dekoriert und ich wurde dazu überredet, eine Plakette zu kaufen. Dabei musste ich mein schönes Werbeshirt durchlöchern und mit einer hässlichen Fratze verzieren.

Der Kinderumzug findet jeweils am Samstagnachmittag statt. In dieser Zeit könnte ich den Laden schließen. Entweder sind die Leute am Umzug oder gehen ihm großräumig aus dem Weg. Weil ich ja nichts Besseres zu tun hatte in dieser Zeit, stellte ich mich auch vor die Türe. Einerseits um zu sehen und andererseits um gesehen zu werden.

Irgendwann wurde es mir dann zu langweilig und zu kalt. Ich öffnete gerade die Türe um hineinzugehen, als es hinter mir einen lauten Knall gab und ich in einer Wolke Konfetti verschwand. Die verfluchten Papierschnipsel breiteten sich im ganzen Laden aus. Nach Ladenschluss fegte ich alles zusammen und als ich mir diesen Haufen buntes Papier anschaute, hatte ich eine Idee! Ich nahm ein paar Papiertragetaschen, welche wir den Kunden verkauften, und füllte in diese jeweils ein paar Hände voll Konfetti. Diese Taschen stellte ich dann gesondert zur Kasse.

Und jeder, der in der nächsten Woche mit einer Plakette an der Jacke einkaufte, erhielt so eine Tasche um die Einkäufe nach Hause zu tragen. Gerne hätte ich gehört, wie sie sich freuten, als sie die Taschen auspackten! Fasnacht macht doch einfach Spaß?!

Ach ja, am Abend nach meiner Konfettidusche ging ich auch noch ins Dorf, an den Maskenball. Ich klemmte mir einen Stein unter den Arm und war somit ein Steinbock.

Nachdem ich das fünfte Mal erklären musste, was meine Verkleidung darstellte, ließ ich den Stein liegen und passte mich der Gesellschaft an. Irgendwann habe ich scheinbar gelacht. Auf den Fotos, welche mir am Montag im Laden gezeigt wurden, sah es wenigstens so aus. Wer die Hexe neben mir war, wusste ich auch nicht mehr, aber schließlich ist an der Fasnacht alles erlaubt.

Und meinen Stein habe ich auch nie mehr gesehen!

Damen

Es gibt eine Kundengruppe, die ich grundsätzlich mag. Es sind die Damen. Die eleganten, älteren Frauen ab 70. Mit ihren Föhnfrisuren, oft blauen oder violetten Haaren. In sichtlich teure Mäntel gehüllt, Hut und Handschuhe, immer geschminkt, manchmal grell, im Mercedes einkaufen gehen. Ich mag diese Frauen, weil sie Stil haben; es sind genau die, welche dich bereits nach einer Woche mit Namen begrüßen (aber auch erwarten, dass du ihren Namen weißt)!

Sie fragen nie nach dem Preis oder einem Rabatt; wenn es ihnen nicht passt, sieht man sie einfach nicht mehr. Aber wenn sie zufrieden sind, hat man sehr gute und treue Kunden gewonnen. Und sie wollen sich möglichst nicht helfen lassen, auch schwere Kisten schleppen sie lieber alleine als jemanden darum zu bitten. Aber wenn man ihnen eine Last abnimmt, so sind sie doch froh und sehr dankbar.

Solche Damen in einem Café zu beobachten, ist sehr spannend! Oft duzen sich diese Frauen untereinander nicht, auch wenn sie jeden zweiten Tag zusammen Tee schlürfen!

Daran merke ich, dass sie ganz anders sind als ich; ich duze jeden Mann im Restaurant, der mir etwa gleichaltrig oder jünger erscheint, auch wenn ich den noch nie gesehen habe.

Deshalb kann ich mir nicht vorstellen, mit jemandem regelmäßig auszugehen und nicht „du“ zu sagen. Die Damen trinken mehrheitlich Tee oder Milchkaffee, dazu genehmigen sie sich ein Stück Torte, natürlich nicht ohne zu erwähnen, dass sie eigentlich nicht dürften.

Schlichtere alte Frauen sprechen die Damen oft mit Frau Doktor oder Frau Pfarrer an, bloß weil deren Ehemänner mal Arzt oder Theologe waren. Das würde ich persönlich nicht über die Lippen bringen; so etwas schaffe ich gerade mal bei Menschen, die das Studium selbst abgeschlossen haben und menschlich viel zu bieten haben.

Interessanterweise legen genau die Menschen keinen Wert auf den Titel … (Schon mal aufgefallen? Menschen, die sich mit ihrem Titel vorstellen, sind selten die wirklich Wichtigen?!)

Kürzlich hatte ich eine Dame im Laden, die ich bereits seit dem ersten Tag mit Namen kenne.

Anders als sonst, irrte sie etwas verwirrt durch den Laden. Ich sprach sie an und fragte, was denn los sei? Sie erklärte mir, dass sie soeben in ein anderes Auto gefahren sei; so etwas sei ihr noch nie passiert. Nun sei sie etwas durcheinander und wisse gar nicht mehr, was sie eigentlich wollte. Ich holte ihr einen Stuhl und ein Glas Wasser. Und sah mir die Beule am Benz an.

Ich musste lachen! Solche Kratzer hat mein Auto schon aus Altersgründen! Als ich wieder bei ihr war und ihr das erklärte, wurde sie wieder etwas ruhiger. Und plötzlich fiel ihr ein, was sie eigentlich wollte!

„Entschuldigen sie vielmals! Eigentlich wollte ich gar nicht einkaufen, sondern zum Friseur nebenan!“ Sie stand auf und ging. Als ich nach Feierabend mein Auto aufschließen wollte, sah ich, welches Auto sie angefahren hatte; das war kein Alterskratzer!

Kunst

Haben sie sich auch schon mal gefragt, was eigentlich Kunst ist? Ich durfte auch schon Kunstausstellungen mit Getränken und Apéro für Vernissagen und Ähnliches beliefern.

Natürlich bin ich da auch dabei, schließlich muss man sich auch selbst zeigen und vielleicht das eine oder andere Anschlussgeschäft abschließen. Dabei habe ich Kunstwerke kennengelernt, welche mir wirklich gefielen. Und dann wiederum gibt es Kunst, wo ich mich frage: Was soll das?

Deshalb habe ich mir Gedanken gemacht: Was ist eigentlich Kunst? Ich bin zu einer sehr pragmatischen Einsicht gekommen: Kunst ist alles, was ich selbst nicht kann - sobald ich es auch kann, ist es keine Kunst mehr (für mich!).

Ein Beispiel: Ich finde die naturgetreuen Bilder vom Hirsch am Bach, mit Wald und Bergen im Hintergrund etwas vom Grauenhaftesten, das es gibt! Aber: Ich bin absolut nicht in der Lage, mit Pinsel und Ölfarbe einen Berg zu malen, geschweige denn einen Wald, einen Bach oder einen brunftigen Hirsch. Das ist für mich eine extreme Kunst, so realistisch zu malen, dass man auf den ersten Blick nicht sieht, dass es kein Foto ist.

Andererseits habe ich aber eben das Gefühl, gewisse Dinge werden massiv überbewertet: Wenn einer im Wald Holz sammelt, dieses rot anmalt und auf eine Eisenstange spießt, so kann ich beim besten Willen keine Kunst darin sehen. Manchmal frage ich mich, ob Hundertwasser ganz einfach keine gerade Linie zeichnen konnte … oder Miro? Oder Klee? Bei seinen Bildern fallen mir die Zeichnungen von Kleinkindern ein.

Allerdings sind solche Bilder in einer Zeit entstanden und als Kunst bezeichnet worden, als auch bei uns viele Menschen nicht jeden Tag eine warme Mahlzeit hatten; insofern ist es doch wieder bewundernswert …

Kürzlich wurde ich angefragt, eine Kunstausstellung als Sponsor zu unterstützen. Das finde ich ja grundsätzlich gut; ich bin nicht dafür, dass der Steuerzahler für Kunst aufkommen muss – ich finde, die Kunst muss so interessant sein, dass genügend Menschen genügend Geld ausgeben, sodass der Künstler davon leben kann. Oder eben interessant genug ist, dass Sponsoren dort Werbung machen.

Irgendwie hatte ich aber die Ausschreibung nicht genau gelesen; mein unterstütztes Projekt war eine Videoinstallation. An der Vernissage waren gerade mal der Künstler, seine Eltern und ich.

Die Presse fand den Anlass keinen Artikel wert und sonstige Gäste hatte es auch nicht. Die Ausstellung bestand aus fünf Fernsehgeräten, welche halb im Boden versenkt waren und einem Videofilm, welcher so wirr aufgezeichnet und geschnitten war, dass er nur in einer Pannenshow hätte gezeigt werden können.

Dennoch musste ich sagen, das war Kunst: Ich hätte es nicht geschafft, für so einen Schwachsinn jemanden zu finden, der das finanziell unterstützt!

Kundenbriefe

In einer Schulung für Geschäftsführer habe ich gelernt, wie man einen Laden für Kunden besonders attraktiv gestalten kann. Nicht dass mein Laden das nötig hätte …

Dennoch bin ich als junger und dynamischer Ladenbesitzer nicht abgeneigt, gewisse Verbesserungen einzuführen. Ein Thema in der Schulung war: Kundenfeedback. Also die Meinung der Kunden kennen und berücksichtigen.

Das hat mir eingeleuchtet und ich habe mir überlegt, wie ich an die Kundenmeinungen herankomme. Eine Möglichkeit wäre, die ganze Dorfbevölkerung durch ein professionelles Institut zu befragen. Dazu habe ich mir eine Offerte unterbreiten lassen. Dieser Vorschlag war sehr spannend, aber ich beschloss, dass mir die Kundenmeinung nicht soviel wert war!

Eine günstigere Lösung musste her. Also konstruierte ich einen Kundenbriefkasten und schrieb ein Plakat dazu, dass sie mir die Meinung sagen dürften.

Nach einiger Zeit sammelten sich tatsächlich einige Briefe an. Generell kann man sie unterscheiden in zwei Kategorien: die Lobenden und die Kritisierenden. In der Schulung wurde uns erklärt, dass positive Kundenmeinungen zwar gut sind, aber wirklich nützlich seien die negativen.

Hier sind die Chancen, etwas zu verbessern. Ich weiß zwar, was damit gemeint ist, aber ich mag nur die Positiven. Ich habe bald herausgefunden, dass man die Lobenden nochmal unterteilen kann: Die, welche es gut meinen und die, welche profitieren wollen (jene, die aufgrund des angegeben Absenders hoffen, Geschenke zu erhalten).

Insgeheim hatte ich es ja befürchtet: Es kam auch negative Post: Dieses und jenes fehle im Sortiment, das Personal sei unfreundlich und der Laden zu teuer.

Also setzten wir uns zusammen und besprachen die Briefe im Team. Wir machten drei Haufen: Die Unwichtigen, die ganz Unwichtigen und ein kleine Auswahl an Briefen kam in die Kategorie „Ernstzunehmende“.

Die Unwichtigen enthielten Kritikpunkte im Sortiment. Diese zu bereinigen ist eine Kunst. Wenn man 10 Kunden hat, hat man 10 Meinungen, was nun ins Sortiment gehört und was nicht. Also bestimme ich selbst, was es gibt!

Die ganz Unwichtigen enthielten Kritik an meiner Person! Unfreundlich, frech, überheblich, egoistisch. Das übliche halt. Und weil ohne Absender, landeten diese direkt im Eimer.

Und dann waren eben noch die „Ernstzunehmenden“. Wir beschlossen, fünf dieser Kunden einzuladen, weil sie wirklich viel einkauften und wenn wir diese verlieren würden, dies doch eine rechte Einbuße bedeuten würde. In einer Sitzung sprach ich mit diesen Kunden; ich konnte ihnen klarmachen, dass sie sich irrten und schließlich nickten alle. Sie waren eigentlich zufrieden mit dem Laden und entschuldigten sich für die Briefe.

Den Briefkasten habe ich wieder abmontiert; allen Leuten recht getan ist eine Kunst, die keiner kann.

Wäre das Nutzen aller Chancen nicht auch egoistisch?

Handschrift

Schreiben sie noch oft von Hand? Und schreiben sie, dass man es noch lesen kann? Dann sind sie eine Rarität! Ärzte schreiben viel von Hand aber das kann ja bekanntlich niemand mehr lesen. Demnach bin ich auch ein Arzt! Wenn ich mir eine Einkaufsliste schreibe und damit in den Großmarkt fahre, so kann ich mindestens die Hälfte nicht mehr lesen! Nicht so schlimm?

Doch! Schließlich kommen noch 20% der Artikel hinzu, welche ich vergesse, obschon sie auf meiner Liste waren; insgesamt nehme ich also 70% nicht mit (aber dafür noch etwa 50 Artikel, welche nicht auf der Liste waren.

Um Stellenbewerber besser beurteilen zu können, wollte ich Graphologie lernen, also das Deuten von Handschriften.

Ich suchte mir ein Institut aus, wo ich diese Technik in einem Fernstudium lernen konnte. Es war sehr spannend: In der Einleitung wurde bereits relativiert. Das Deuten der Handschrift sei nicht bei jedem Menschen wirklich aussagekräftig und dürfe nur als unterstützendes Mittel benutzt werden. Außerdem müsse der

Schreiber gewohnt sein, handschriftliche Texte zu verfassen und viel zu schreiben.

Wer schreibt denn heute noch viel von Hand? Und woher weiß ich, ob ein Stellenbewerber viel schreibt oder nicht? Ich musste feststellen, dass mein gesunder Menschenverstand vermutlich zuverlässiger ist, als die Graphologie (zumindest, wenn ich ihn anwende)!

Ich konnte es aber nicht unterlassen, den ganzen Kurs durchzuackern; ich schrieb einen Text mit dem Bleistift auf ein Blatt Papier und nahm das Handbuch zu Hilfe. Damit entschlüsselte ich meine Handschrift.

Ich konnte herauslesen, dass ich sehr introvertiert und unsicher bin, zu Pessimismus und Gewalttätigkeit neige und sich Anzeichen von Irrsinn bemerkbar machen.

In der zweiten Hälfte des Textes deutete ich meine Handschrift als die eines jugendlichen Rentners mit leicht verkrampfter Stifthaltung und dem geistigen Horizont eines republikanischen US-Präsidenten. Hinzu kam die Unbestechlichkeit eines italienischen Ministers und den merklichen Einfluss von Drogen und zunehmender Demenz.

Ich warf das Lehrmittel in den Müll! Und den Zettel mit meiner Handschriftprobe ließ ich durch den Schredder. Nicht, dass plötzlich jemand dieses Dokument findet und ein Graphologe zum gleichen Resultat kommt …

Kinderzeitschriften

Es kommt sehr selten vor, dass ich sage, früher war es besser. Aber wenn ich mir im Zeitschriftenregal die Kinderhefte anschaue, muss ich sagen: Manches war früher wirklich besser.

Ich erinnere mich nicht daran, dass es in jeder Micky Maus ein Geschenk gab?! Oder habe ich es bloß vergessen? Aber was sich ganz sicher verändert hat, ist das Kaufmotiv: Ich habe mir jeweils ein Heft ausgesucht, weil ich es lesen wollte und die Story mich interessiert hat.

Die Kinder von heute schauen sich die Hefte an und wählen nach dem Geschenk, welches aufgeklebt ist. Sie denken, das stimmt nicht? Und warum finde ich dann die neuen Hefte vor dem Laden im Abfalleimer?

Zugegeben: Wenn ich mir manche Hefte ansehe, habe ich Verständnis dafür, dass man sie wegschmeißt. Zudem sind die Sammelkarten auf dem Titelblatt mehr Wert als der Inhalt. Aber es funktioniert ja; wenn ich ehrlich bin, ist es mir ja auch egal, warum jemand ein Brot kauft! Hauptsache, es wird bei mir gekauft. Ob jemand nur die Rinde isst oder das ganze Brot, ist mir einerlei.

Diese Beobachtungen haben mich aber zum Nachdenken gebracht und ich wollte dieses Phänomen gewinnbringend nutzen. Konnte ich nicht auf diese Art das Kundenmagazin an die Frau bringen? Was würde ich wohl auf das Titelblatt kleben müssen, um zu erreichen, dass das Heft mitgenommen wird? Ich versuchte es zuerst mit Bonbons, welche ich von einem Lieferanten geschenkt bekam.

Es war ein Riesenerfolg: Alle Hefte hatten nun Löcher im Titelblatt, weil das Bonbon abgerissen wurde und die Zeitschrift (Sie ahnen es schon!) liegen blieb.

Und wer nimmt schon eine Zeitschrift mit defektem Frontblatt ... nicht mal umsonst!

In einem zweiten Versuch ließ ich einen Gutschein für 10% Einkaufsrabatt in der Kundenzeitung abdrucken; somit musste man sie mitnehmen – dachte ich. Es gab Kunden, die an der Kasse eine Schere verlangten, um den Gutschein auszuschneiden, andere rissen den Gutschein einfach heraus. Die Dritten nahmen die Zeitschrift wenigstens bis nach draußen und warfen sie nach dem Entfernen des Bons in den Abfall. Zudem stellte ich fest, dass immer die gleichen Kunden die Gutscheine hatten und das den ganzen Monat lang.

Nun machte ich es einfacher: Ich warf unsere Kundenzeitung gleich von Anfang an in den Abfall!

Aus diesen Erfahrungen lernte ich aber doch etwas: Die Kunden wollten Geschenke und die Kinder Spielsachen.

So kam es, dass ich einen Bereich im Laden freimachte, wo wir nun Spielwaren verkauften; kleine Dinge, welche wenig kosteten aber am liebsten knallten oder lärmten. Die Kinder mussten nun nicht mehr ein Heft, sondern direkt die Zugabe kaufen! Und die Eltern hatten von nun an auch das Geschenk!

Vergleichen

Warum ist die Menschheit bloß so blöd, alles zu vergleichen?

Ein bisschen kann ich es ja verstehen: Woher will man wissen, wie viel etwas wert ist, wenn man es nicht mit einem anderen Objekt vergleichen kann. Wenn man zwei verschiedene Äpfel isst, weiß man, welcher einem besser schmeckt und somit bereit ist, für den einen etwas mehr zu bezahlen als für den anderen.

Soweit so gut; aber wieso müssen junge Mütter ihre Kinder vergleichen? Wie oft höre ich im Laden zwei Windelträgerschieberinnen darüber diskutieren, was ihr Balg bereits kann und was noch nicht.

Ich glaube, das ist eine Spirale! Durch das Hervorheben der Vorteile des eigenen

Sprösslings wird es aufgewertet und das andere Kind abgewertet. Das wiederum führt die Mutter des Wertloseren dazu, nachzudenken, ob ihr Kind vielleicht etwas zurückgeblieben ist. Dies führt unweigerlich dazu, dass sie auf Kosten des vermeintlich talentierteren Kindes, ihres auf ein Podest stellt.

Sie merken es bestimmt: Dieses Verhalten ist völlig sinnlos; keines der Kinder ist besser oder schlechter, aber eben verschieden.

Manche Äpfel haben eine grüne Schale, andere eine rote, ein Apfel bleibt es trotzdem. Da fällt mir eine Parallele zur Politik auf. Ist der Apfel braun, ist er nicht mehr genießbar.

Vergleichen ist wie Krieg: Gewinnen kann keiner, aber jeder fühlt sich schlecht.

Wenn ein Kind mit 12 Monaten noch nicht gehen kann, so ist es vielleicht schlauer, als andere; es lässt sich schieben und tragen, statt sich selber anzustrengen! Ein Kind, welches mit zwei Jahren nicht sprechen kann, ist vielleicht intelligenter: Es spricht nur, wenn es etwas zu sagen hat … (viele Erwachsene würden lieber etwas öfters schweigen!)

Verglichen wird ja immer und überall: Preise, Fähigkeiten, Größe, Gewicht, Schönheit …

Ich werde auch immer verglichen! Gerade kürzlich hat mich jemand mit Albert Einstein verglichen! Glauben sie nicht? Doch, eine Kundin hat im Laden zu mir gesagt: „Also ein Albert Einstein sind sie nicht gerade!“

Familienehre

Überall, wo Menschen zusammen kommen, gibt es auch Konflikte. Manche Menschen sind fähig, solche Probleme verbal zu lösen, andere nicht. In jeder Volksgruppe, in jeder Kultur und jedem Bildungsniveau denken Menschen unterschiedlich.

Überall gibt es Menschen, welche meinen, mit Gewalt die eigene Meinung durchsetzen zu können.

Kürzlich wurde ich Zeuge einer Schlägerei vor dem Laden; ein ausländischer Jugendlicher hatte eine Prügelei mit einem Einheimischen. Es gibt ein paar Dinge, die ich nicht ausstehen kann; Blutflecken vor dem Laden sind so etwas!

Ich ging also raus, packte einen von ihnen am Kragen und zerrte ihn zum Brunnen. Er war ziemlich erschrocken und verwirrt, so gelang es mir, ihn in den Brunnen zu werfen. Sein Gegner missverstand und meinte, ich würde ihm helfen; er irrte sich und auch er fand sich wieder im kühlen Nass.

Der Einheimische verzog sich und der Jugendliche wollte mir klar machen, dass er unschuldig sei. Hektisch und laut versuchte er mir zu erklären, warum er den anderen fertigmachen müsse: „Der hat etwas gegen meine Familie gesagt! Da kann ich nicht anders und muss meine Familie verteidigen!“

Er wurde immer lauter und wollte seinem Gegner nachgehen. In meinem Leben habe ich schon so einiges erlebt. Zwei Erkenntnisse daraus: Je lauter jemand schreit, desto weniger ist er im Recht!

Und zweitens: Unter Wasser wird Lärm gedämpft. Nach einer erneuten Abkühlung zerrte ich ihn aus dem Brunnen und setzte ihn auf den Boden. „Wenn jemand etwas gegen deine Familie sagt, haust du dem sicher auch auf die Fresse!“ begann er wieder.

„Wozu? Damit seine Familie aus Rache auf deine Familie losgeht? Warum seid ihr bloß solche Idioten? Ihr Jungs merkt nicht, dass euch der andere aus Mangel an Intelligenz durch Beleidigungen der Familie provozieren will! Und weil ihr selbst so doof seid, geht ihr darauf ein!“

Er wollte nicht hören und stand auf, schlotternd vor Kälte. Er ging nach Hause.

Am nächsten Tag kam seine Mutter zu mir in den Laden. Sie wollte wissen, warum ich ihn in den Brunnen geworfen hatte. Ich erzählte ihr, was vorgefallen war. Sie schüttelte den Kopf. Ihr Sohn hatte die Geschichte anders erzählt.

Wie wär’s denn, wenn ihr zuerst mal eure Eltern respektieren und nicht belügen würdet, bevor ihr euch wegen der Familienehre prügelt?!

Ich kann!

Bestimmt haben sie das auch schon erlebt?! Dinge, die in der Werbung angepriesen werden, sind immer nur für andere möglich; oder haben sie jemals die billigste Hypothek erhalten, mit der auf Riesenplakaten geworben wird?

Oder das Nullprozentleasing? Oder gar den Wettbewerbspreis, welcher ihnen angeboten wird, obwohl sie an der Ausschreibung gar nicht teilgenommen hatten? Eben! Mir geht es nicht anders. Immer ist das Angebot an etwas geknüpft, an das man als Normalsterblicher gar nicht kommt.

Sorry: Wenn ich 100% Eigenkapital bringe, dann brauche ich keine Hypothek zu 1% Zins. Und sobald man von diesen 100% abweicht, sieht das Ganze sofort anders aus. Die Berater beginnen das Gespräch stets mit den Worten: „Ich kann …“! „Ich kann ihnen den Kredit zu 30% Zins offerieren, das ist mein bestes Angebot …!“

Ich kann auch alles! Außer vielleicht die Bedingungen erfüllen; das ist doch nicht mein Problem! Ich möchte einmal erleben, dass mir ein Vertreter sagt: „Selbstverständlich können wir das so machen, wie sie sich das wünschen!" Und Punkt, Schluss!

Kürzlich war ich … wie soll ich sagen … nicht ganz so locker drauf wie üblich und es war Viertel vor Kaffee Nummer 4.

In dieser Stimmung wagte es ein Vertreter, den Laden zu betreten. Erstaunlicherweise hatte er weder eine rosa Krawatte noch ein Parfumbad hinter sich und eigentlich gab es keinen Grund, ihn nicht zu mögen. Er bat mich, mir seine tollen Produkte vorstellen zu dürfen. Er durfte. Als er den eleganten Lederkoffer mit Bedacht öffnete, stieg mir der herrliche Duft von frischem Kaffee in die Nase.

Die Beutel waren edel, in schwarz und gold. Er öffnete einen dieser Beutel und hielt ihn mir unter die Nase. Nun hätte er auch eine rosa Krawatte tragen dürfen!

Er wollte wissen, ob ich eine Kaffeemaschine hätte und wenn ja, würde er mir gerne einen frischen Kaffee brühen. Er durfte! Dieses Aroma … mmmhhh, wirklich fein … und der Preis, welchen er beiläufig erwähnte …

„Ich kann ihnen diesen speziellen Kaffee exklusiv anbieten; kein anderes Geschäft in der weiteren Umgebung bekommt ihn ins Sortiment. Mindestmenge sind zwei Paletten!

Wie günstig war die Hypothek schon wieder? Vielleicht könnte ich ja noch etwas aufstocken!

„Unter diesen Umständen brauchen wir gar nicht mehr darüber zu reden!" sagte ich! „Sie dürfen jetzt gehen!"

„Aber, sie können mich doch nicht einfach rausschmeißen?" stammelte er.

„Doch, ich kann!"

Ganz anders

Zugegeben: Um sich im Geschäftsalltag von der Konkurrenz abzuheben, braucht es schon etwas Kreativität und Anstrengung. Auch ich versuche immer wieder, mein Geschäft zu etwas Besonderem zu machen. Und oft genug geschieht dies recht „hemdsärmlig".

Ich finde das aber ganz nett und im Gegensatz zu den Kampagnen, welche Werbeagenturen manchmal starten, irgendwie liebenswert. Ich mag, wenn man die Bemühungen der Beteiligten spürt. Sicher: Einer Versicherungsgesellschaft würde ich nicht trauen, wenn diese mit handgeschriebenen Plakaten Werbung macht; aber ein Dorfladen darf das.

Als praktisch denkender Geschäftsmann erfinde ich das Rad nicht jede Woche neu. Ich sehe mir die Werbung und die Aktivitäten von anderen Kleingewerbebetrieben gerne an und lerne.

Kürzlich habe ich das Inserat eines Restaurants in Ladennähe gelesen und mir ein paar Gedanken gemacht. „Das etwas andere Restaurant" stand da in der Überschrift zu lesen. Das klingt ja spannend, mal nicht Pizza und Kebab, nicht Chinesisch oder Indisch, mal nicht gutbürgerlich oder Hausmannskost! Dachte ich!

Als ich das Inserat weiterlas (der Titel war so interessant, dass ich nicht nur diesen las), fiel mir auf, dass das „etwas andere Restaurant" auf die Saisonspezialitäten aufmerksam machte: Rehpfeffer, Hirschragout, Hasenrücken.

Naja, das ist ja alles gut und recht - aber besonders? Jedenfalls hatten alle „Normalen" Restaurants, welche in dieser Zeitung warben, dasselbe auf der Karte. In der Fußzeile des „etwas anderen Restaurants" fand ich dann noch den Hinweis, dass es auch eine große Pizzaauswahl gäbe.

Nun, vom Hunger geplagt, vom Fleisch gelockt und von Faulheit zur Distanzvermeidung getrieben, suchte ich dieses Restaurant auf.

Wie ich das hasse: ein Restaurant, voll von Menschen, die meinen, mir sagen zu müssen, was sie von meinem Laden halten.

Die Wirtin, leicht genervt, aus welchem Grund auch immer, erklärte mir, dass das Mittagsmenü aus Reis mit einer gebratenen Banane in Currysoße bestünde. Wo war das Fleisch? Ich verlangte nach der Wildkarte. „Wild gibt es nur am Abend!" sagte sie lapidar. Dann eben Pizza! Ihre Antwort darauf: „Der Koch wird den Ofen nicht wegen einer einzigen Pizza einschalten, das Menü ist Reis mit gebratener Banane und Currysoße!"

Ich wusste jetzt, was hier etwas anders war: Die Wirtin war außergewöhnlich unfreundlich! Ich aß meine Banane … Aber ups: Curryflecken lassen sich schlecht aus dem Tischtuch waschen. Nach meinem Besuch hatten sie jedenfalls außergewöhnlich viel zu tun ...

Hauslieferdienst

Als fortschrittliches Unternehmen im Dienste des Kunden habe ich einen Hauslieferservice eingerichtet. Um herauszufinden, welches die wichtigen Liefertage sind, habe ich einfach täglich geliefert.

Die Kunden konnten vor 10 Uhr anrufen und erhielten ihre Waren noch vor dem Mittag. Das klappte recht gut, mit Ausnahme von zwei Kunden: Der eine rief jedes Mal um Viertel nach 10 Uhr an und die andere grundsätzlich erst am Nachmittag. Naja, Nachmittagsbestellungen werden grundsätzlich erst am Folgetag geliefert. Und der Viertel nach 10 Uhr Kunde musste plötzlich merken, dass der Lieferdienst bereits unterwegs war.

Siehe da: Plötzlich ging's und er konnte um 10 Uhr anrufen.

Bald stellte sich heraus, welches die schwachen und welches die starken Tage waren. Ich beschloss, zwei Tage zu streichen. Durch ein Flugblatt wurden die Kunden informiert, dass Dienstag und Donnerstag keine Lieferungen mehr vorgenommen würden. Den ersten Monat zeigte ich mich noch tolerant, aber danach hielt ich mich strikte an die Lieferzeiten. Seltsamerweise konnten alle Kunden die Tage einhalten; außer Mister Viertel nach10 Uhr.

Er beklagte sich, wir würden einen Serviceabbau betreiben, worauf ich ihm antwortete: „Vor meiner Zeit gab es diese Dienstleistung gar nicht, also seien sie zufrieden mit dem, was wir jetzt anbieten!"

Ich hörte im Weggehen etwas von „unfreundlich" und „arrogant". Langsam glaube ich selber, dass ich es bin, so oft, wie ich das höre.

An solche Worte gewöhnt man sich; aber man kann sich auch an Fußpilz gewöhnen; mögen wird man ihn trotzdem nicht.

Von nun an gab es für mich die Nulltoleranzregel. Um 10 Uhr fuhr ich los; und wenn Mister Viertel nach10 Uhr noch anrief, so erhielt er seine Bestellung am nächsten Tag. Und wenn er am Montag eine Minute zu spät war, so erhielt er seine Bestellung am Mittwoch. Dafür Punkt 1 Minute nach 10 Uhr.

Ich hatte herausgefunden, warum er so kurzfristig bestellte: Er schlief lange.

Nun hatte ich eine weitere Dienstleistung im Angebot: Weckdienst! Ich klingelte, bis er die Türe öffnete. Ich merkte, dass er es mochte. Von nun an klingelte ich immer; selbst, wenn ich seiner Nachbarin etwas liefern musste. „Ups, aus lauter Gewohnheit die falsche Klingel erwischt …!"

Wenigstens scheint unsere Abneigung gegenseitig zu sein … Mittlerweile bestellt er nicht mehr, aber das hindert mich natürlich nicht, gelegentlich den Knopf zu drücken …

Wolle

Falls sie eine Frau sind, die zudem gerne strickt, dann haben sie es bestimmt schon bemerkt: Wolle kann man fast nirgends mehr kaufen.

Ich, als dynamischer Kleinunternehmer mit strickfreudiger Kundschaft, habe mich diesem Problem angenommen und immerhin noch einen Lieferanten gefunden.

Der Vertreter, ein Herr zwischen 70 und scheintot. Ein Mann mit 50 Jahren Außendiensterfahrung in der Sparte Mercerie und Wolle. Er meldete seinen Besuch an, zusammen gingen wir durch den Laden und ich zeigte ihm, wo ich ein kleines Regal mit Wolle bestücken wollte.

Vermutlich hatte er recht, als er sagte: „Auf dieser Fläche können sie vielleicht Küchenschnur und Kerzen verkaufen, aber sicher keine Wolle!“ Aber sie wissen ja, wie das bei mir läuft: Ich lasse den Lieferanten die freie Wahl: entweder so, wie ich will oder gar nicht!

So kam es, dass wir eine Auswahl an 20 verschiedenen Wollknäueln hatten; verschiedene Farben und verschiedene Stärken. Meine Kundinnen waren begeistert!

Sie fanden die Idee, Wolle im Dorfladen zu verkaufen, super. Allerdings brauchte jede etwas anderes. Ich begann, die Wünsche zu notieren und versuchte eine Bestellung aufzugeben.

Die Wunschliste enthielt gefühlte 229 Farben und 5 unterschiedliche Garnarten in jeweils 28 verschiedenen Stärken. Einen ganzen Tag verbrachte ich damit, die Bestellung so aufzugliedern, dass ich noch wusste, wer denn wirklich was wollte.

Telefonisch gab ich dem Lieferanten die Bestellung durch. Bereits nach einer Woche fuhr ein Lastwagen der Firma vor und der Fahrer wollte wissen, wo er die Paletten hinstellen könne. Paletten?

Ja! Die nette Dame am Telefon meinte, ich bestelle eine Anzahl Kartons – ich meinte eine Anzahl Knäuel … Unser Lager war voll!

Nach dem ersten Schock kam meine Dynamik zurück … Wir organisierten einen Rampenverkauf zu sensationellen Preisen. Erstaunlicherweise hatten wir nach einem Monat fast alles verkauft (allerdings ohne etwas daran zu verdienen).

Außer einer Farbe: Rosa mit Silberfäden; das wollte nun wirklich niemand. Deshalb verschenkte ich die zwanzig Knäuel einer alten Frau, die jammerte, dass Wolle so teuer sei und sie doch so gerne stricken würde.

Sie bedankte sich auf ihre ganz besondere Art: Sie hatte mir Socken gestrickt! Ich weiß bis heute nicht, ob sie die Größe richtig geschätzt hatte!

Jedenfalls findet man heute im Dorfladen Küchenschnur und Kerzen anstelle von Wolle …

Die Bahnfahrt

Ach, ich kann es nicht mehr hören! Das soziale Gewissen der Welt. Mal dies, Mal jenes. Heute Umweltschutz. Jeder Politiker, jede Firma - alle versuchen über Umweltschutz berühmt zu werden!

Neulich habe ich mich für einen Weiterbildungskurs angemeldet und habe mich entschlossen, auch meinen Beitrag zu leisten und die öffentlichen Verkehrsmittel zu benutzen. Als spontaner Mensch habe ich mir da keine großen Gedanken gemacht. Kurz überlegt, in welche Richtung der Zug fahren muss und eine Fahrkarte mit dem Zielort gelöst. Wenn man auf dem Land lebt, muss man aber zuerst einmal zum Bahnhof kommen; dafür benutzt man ja logischerweise das Auto. Und wo stellt man es hin? Auf den Parkplatz beim Bahnhof!

Diesen habe ich gefunden, einen Parkplatz auch; den Fußweg zum Bahnhof zurück schließlich auch und den Zug sah ich ebenfalls - den Bahnhof gerade verlassen!

Wissen Sie, wie kalt es morgens um sechs auf einem Bahnhof ist? Und wie schlecht der Kaffee schmeckt? Ich jetzt schon!

Den nächsten Zug habe ich erwischt! Können Sie sich vorstellen, wie viele Menschen am Morgen früh mit dem Zug zur Arbeit fahren wollen? Die Bahngesellschaft offenbar auch nicht; aber als Faustregel würde ich sagen: doppelt so viele, wie Sitzplätze.

Allerdings geschah etwas Unfassbares: Ein junger Typ bot mir seinen Sitzplatz an. Sah ich schon so alt und gebrechlich aus? Ich setzte mich, erntete dafür einen bösen Blick von einer älteren Dame im Gang und stand also wieder auf; schließlich hatte ich es auch mal so gelernt! Bestimmt kennen Sie das unangenehme Gefühl einer verstopften Nase beim Schnupfen auch.

Aber ich habe mir in diesem Moment einen Schnupfen gewünscht! Liebe Leute: Es gibt im Dorfladen auch Deos, welche einen ganzen Tag lang anhalten! Da muss man nicht am Morgen soviel auftragen, dass den anderen Fahrgästen die Augen brennen!

Der Gong ertönte und eine Stimme (es erinnerte mich an die Stimme in der Fernsehwerbung, die sagt: „Ruf an!") sagte, dass Fahrgäste, welche nach Zürich fahren wollten, hier umsteigen müssten.

Ich quetschte mich deshalb durch die Menschenmenge und suchte den Ausgang. Als der Zug anhielt, stellte ich fest, dass diese Leute auch den Zug verlassen wollten.

An diesem Bahnhof war es zwar schon etwas heller war, aber kein bisschen wärmer. Auf der Anzeigetafel konnte ich lesen, dass mein Anschlusszug in 30 Minuten fuhr. Zeit für Kaffee. Es gibt etwas, das wirklich schlimmer ist, als schlechter Kaffee: Heißer, schlechter Kaffee! Sind sie schon mal mit verbrannter Zunge am Bahngeleise gestanden und haben gefroren?

Der Zug nach Zürich war noch stärker besetzt als der Vorhergehende; ich stellte mich an die Wand, unmittelbar neben der Türe. Diese war immer noch offen und ein junger Mann hechtete gegen die offene Stelle im Zug; in der Hand einen Becher Kaffee. Es kam, wie es kommen musste: Er schüttete einen Teil der Brühe über meine Schuhe, einen Teil an meine Hose. Ich freute mich nicht darüber …

Im Zug gibt es drei Typen von Menschen: die Abwesenden, die Arbeitenden und die Beobachter. Die Abwesenden dröhnen sich mit Musik zu, telefonieren oder lesen. Manche schlafen und besetzen dadurch zwei Plätze. Die Musik hören sie so laut, dass man pro Abteil nur einen braucht, um eine akustische Untermalung der Reise zu haben.

Die Arbeitenden haben immer die Computer auf den Schenkeln. Sie sehen immer sehr beschäftigt aus, tippen und klicken. Und oft sieht man auf ihren Gesichtern ein Lächeln. Also, wenn ich eine derart dringende Sache tun muss, dass ich im Zug am Computer bin, dann lächle ich nicht! Nie! Die schauen sich bloß Mails an und surfen im Internet! Arbeit sieht für mich ganz anders aus! Und wozu braucht man einen Kopfhörer? Bestimmt nicht zum Tabellen füllen oder Briefe schreiben!

Und dann gibt es die Beobachter (ja, ich bin auch so einer!). Die sind sehr interessant, zu beobachten. Gerade Frauen betrachten die Menschen mit einer offensichtlichen Kopfbewegung von oben bis unten. Und wenn sie lächeln, kann man das Objekt der Beobachtung ganz gut etwas besser betrachten; meist gibt es etwas ganz Besonderes zu sehen. Zahnpasta im Mundwinkel, offene Reisverschlüsse an den Hosen oder verschiedenfarbige Socken. Ich habe begonnen, nur die Beobachter zu beobachten – so bin ich viel schneller im Entdecken.

Und wenn Beobachterinnen jemanden kennen, dann lästern sie zusammen über das beobachtete. Wodurch sie selbst zu beobachtungswerten Objekten werden. Einer jungen Frau huschte ein Lächeln übers Gesicht, als sie in meine Richtung schaute; sie hatte den Kaffeefleck auf meiner Hose entdeckt … Naja, wenigstens war mein Reißverschluss zu (ja, ich hab's kontrolliert!).

Der Gong kündete eine Ansage an: „Nächster Halt: Zürich Hauptbahnhof."

Hier war der Kaffee nicht, wie in den andern Bahnhöfen; nicht besser, dafür aber teurer!

In Zürich angekommen, auf dem Weg zum Seminarort, musste ich mit der S-Bahn weiter. Da die Letzte zwei Minuten zuvor weggefahren war, hatte ich 28 Minuten Zeit, die Nächste zu erreichen. In Zürich war es immer noch kalt und ich fror. Aber wenn man schon mal vom Land in die große Stadt kommt, und fast eine halbe Stunde Zeit hat, kann man sich ja ein bisschen umsehen. Ich versuchte, nicht wie ein Landei auszusehen und ging selbstbewusst und zielstrebig über die Straße und …

Naja, nachdem ich den Bahnhof wieder gefunden hatte, war mein Zug vor zwei Minuten abgefahren. Also blieb ich am richtigen Gleis stehen und wartete. In der Zwischenzeit hatte mein Seminar begonnen aber ich hatte noch eine 20 Minutenreise vor mir. Mit einiger Verspätung kam ich an und brachte den Tag recht ruhig durch.

Vom Schulungsort aus war es ein kurzer Fußmarsch zum Bahnhof und ich verpasste wieder mal einen Zug, konnte aber diesmal nichts dafür. Ich wartete eine halbe Stunde, fror schon wieder und trank noch einmal einen heißen Kaffee. Wissen Sie was? Am Abend fahren wieder alle Leute dorthin zurück, woher sie kamen. In Zürich konnte ich schließlich direkt in den Zug einsteigen und dort warten.

Aber es war eine Hühnerhof – Bahn; an jedem Hühnerhof hielt sie an. Die Fahrt dauerte über eine Stunde. Mehr denn je wünschte ich mir eine verstopfte Nase; bei manchen hielt der Deoduft immer noch an und bei einigen hatte er schon lange versagt …

Irgendwann wurde über die Lautsprecher (der Sprecher hatte eine verstopfte Nase), darüber informiert, dass dieser Zug nicht mehr weiter fahre und alle Fahrgäste aussteigen dürften. Ich stieg aus und musste feststellen, dass es unterdessen kalt regnete. Nach neuerlichen 30 Minuten Wartezeit kam der Anschlusszug und die letzte Etappe meiner Zugreise brach an. Ich war hundemüde und hätte beinahe meinen Zielbahnhof verschlafen. Letztlich hat es doch geklappt und ich machte mich auf den Weg zu meinem Auto. Es war saukalt.

Ich setzte mich rein und fuhr los, unter dem Scheibenwischer klemmte etwas … Zu lange parkiert; Fr. 50.00 Busse. Toll, so richtig mein Tag!

Zuhause angekommen wollte ich nur noch ins Bett. Ich stellte fest, ich hatte meinen Wunsch erfüllt bekommen: Meine Nase war nun verstopft und ich konnte die Nächste zwei Wochen nichts mehr riechen!

Das nächste Mal werde ich wieder mit dem Auto an ein Seminar gehen; wenn ich erkältet im Laden stehe, schade ich den Menschen mehr, als durch die Luftverschmutzung meines Autos!

Krank

Bestimmt kennen sie das auch: Es beginnt mit einem Druck im Kopf, die Nase läuft, allmählich kommt Husten dazu und wenn man Pech hat, auch noch Fieber. Wie gerne hätte ich doch einen Bürojob in einer Verwaltung; wenn man da mal einen Tag nicht kommt, bemerkt das niemand; ob die Arbeit nun einen Tag früher oder später erledigt wird, ist egal. Fehlt man eine ganze Woche, bemerken es die Kollegen und sammeln für ein Geschenk …

Als selbstständiger Ladenbesitzer kann ich mir das nicht leisten; der Laden hat Öffnungszeiten und muss funktionieren! Aber Kranksein kann man ein bisschen beeinflussen. Ich kann zwar weder frei atmen noch richtig reden sprechen, muss Tee trinken (manchmal habe ich das Gefühl, dass es mir vom Tee schlechter geht) und Vitamintabletten schlucken, aber ich kann arbeiten. Die ganze Woche durch bis Samstag, kurz vor Ladenschluss. Dann setzt das Fieber ein, um pünktlich am Montagmorgen wieder zu verschwinden – oder wenn ich Pech habe, für eine Woche zu pausieren um dann am Samstagnachmittag erneut auszubrechen!

Naja, bisher habe ich es immer überstanden.

Wir haben eine Kundin, die kann besonders gut auf ihr Thema umlenken, wenn man ihr ein Stichwort gibt.

Ein Beispiel: Wenn ich huste, fragt sie mich, ob ich erkältet sei. Wenn ich die Frage mit „Ja“ beantworte, beginnt sie ihre Geschichte damit, dass sie selbst kürzlich auch eine Grippe gehabt hätte und deshalb ihrer Tochter nicht beim Kinderhüten helfen konnte. Dabei wäre diese auf Hilfe angewiesen gewesen, weil sie gerade das Haus am umbauen wäre und die Heizung noch nicht funktionieren würde, was dazu führte, dass die Tochter bei der Nachbarin warmes Wasser holen musste. Die Nachbarin leide aber schon seit Jahren an Krampfadern …

Genau diese Kundin hat kürzlich zu mir gesagt: „Warst du nicht auch schon mal in Holland in den Ferien?“ „Ja, war ich, warum?“ Wo ich denn da von Basel aus durchgefahren wäre, wollte sie in einer zweiten Frage wissen. Ich beschrieb ihr den Weg durch Deutschland ganz grob; und sie unterbrach mich mit den Worten: „Wir fahren nächste Woche nach Berlin, wir haben dort Freunde, welche ursprünglich aus Ostdeutschland kommen und die haben uns schon so viel über die Zeit vor dem Mauerfall erzählt … blablabla …

Ich glaube, ich weiß, warum sie mich nach der Strecke von Basel nach Holland fragte: Wenn sie diese fahren würden, würden sie Berlin wohl kaum finden!

Ich glaube, die ist kranker als ich mit Fieber!

Fernsehen

Als ich kürzlich krank war, hatte ich Zeit fern zu sehen. Ich habe mich durch die deutschen Programme gezappt und bin immer wieder irgendwo hängen geblieben. Immer bis zur Werbung. Somit war ich auf keinem Sender länger als fünf Minuten …

Aber ich habe mir dabei so meine Gedanken gemacht, wie manche Menschen wohl in ihrem Privatleben so sind. Als Bewunderer von deutschen Komikern (einige mag ich aber gar nicht!), würde ich schon gerne wissen, ob Atze Schröder seine Rolle auch lebt … oder Sonja Kraus beim Frühstück auch so gut aussieht wie in der Sendung am Abend zuvor.

Schlimm finde ich die neuen Dokusoaps! „Mein neues Leben“ zum Beispiel! Da wird doch tatsächlich eine deutsche Familie gezeigt, welche sich in Amerika ein Haus gekauft hat, welches sie noch nie gesehen haben, und meinen, dort wäre das Leben einfacher, als in Deutschland. Und der Hammer: Sie waren noch nie zuvor dort und sprechen kein Wort Englisch. Oder „Die Auswanderer“ in Spanien, welche die Kinder einfach mitnehmen, aus ihrem gewohnten Umfeld reißen, um auf Mallorca arbeitslos zu sein.

Es gibt zwei Möglichkeiten: Entweder sind diese Leute völlig bescheuert und lassen die ganze Welt an ihrer Dummheit teilhaben oder die Fernsehproduzenten sind es und zeigen etwas, das es nicht wirklich gibt.

Ich finde das gefährlich: „DSDS“ und andere Shows zeigen immer wieder, wie Talentlose sich vor einem Millionenpublikum zum Affen machen. Völlig überzeugt davon, Stars zu sein oder sich zumindest auf dem Weg dorthin zu befinden. Was, wenn sie alle plötzlich die Koffer packen, in Amerika ein Haus kaufen und dort darauf warten, entdeckt zu werden?

Ein Horrorszenario! Noch mehr Unterbelichtete in Amerika und die höhere Wahrscheinlichkeit, dass so einer Senator wird oder gar Präsident!

Vielleicht hat das Ganze damit zu tun, dass jeder gern ein bisschen berühmt wäre und dazugehören möchte. Oder im Besitz der Handynummer eines Menschen sein möchte, welcher zwar ganz bestimmt nicht an deine Geburtstagsparty kommt, aber den anderen Gästen sehr wohl bekannt ist.

Übrigens: Ich feiere bald wieder einen runden Geburtstag; wer also bereits im Fernsehen aufgetreten ist, darf sich gerne bei mir melden. Vielleicht sind sie ja berühmt genug, eingeladen zu werden?!

Heftig

Als ich kürzlich die neuen Zeitungen ins Regal schichtete, ist mir eine Schlagzeile aufgefallen!

„Prinz Harry flirtet heftig an der Front in Afghanistan!“ Ist das nicht toll? Nein, ich meine nicht, dass es dort an der Front ist! Aber heftig flirten? Haben Sie als verheirateter Mann jemals versucht, heftig zu flirten? Ich sehe es so: Man(n) kann nur flirten! Das Einzige, was daran als „heftig“ bezeichnet werden kann, ist die Reaktion der Ehefrau, wenn sie es herausfindet!

Es spielt keine Rolle, ob man einer Frau nur nachsieht, mit ihr redet oder sie küsst! Die Folgen sind immer heftig. Wenn man eine andere Frau als die, mit welcher man auf dem Standesamt war, küsst, so könnte man genauso gut mit ihr ins Bett steigen! Schlimmer kann das Drama nicht werden!

Nun aber wieder ernsthaft: Wie unterscheidet man zwischen heftig flirten und nur flirten? Gemäß Wörterbuch bedeutet heftig: kräftig, mächtig, stark, gewaltig, ungestüm; aufbrausend, zornig, wütend, jähzornig, ungeduldig; erbittert, gefühlsbetont, nicht maßvoll ...

Und außerdem: Angenommen, man könnte wirklich unterscheiden zwischen flirten und heftig flirten; würde man denn ausgerechnet an der Front in Afghanistan in Anwesenheit eines Reporters heftig flirten?

So doof kann nun nicht mal ein 23-jähriger Prinz sein! Andererseits wollte genau dieser um jeden Preis an die Front, wenn man den Zeitungen glauben will - was wiederum nicht für seine Intelligenz sprechen würde.

Welche Frau würde denn mit so einem Mann flirten wollen? Nur wegen seines Aussehens? Oder weil er ein Prinz ist, oder weil er mit einem Sturmgewehr an der Front in einem Land ist, wo er eigentlich gar nichts verloren hat?

Eine Kundin hat ein paar Tage später tiefgekühlten Fisch gekauft; Schlemmerfilet. An der Kasse fragte sie mich, ob ich eine Zeitung zum Einwickeln hätte. Ich hatte.

Ausgerechnet „der heftig flirtende Prinz an der Front“. Ich wickelte ihr den Fisch ein und überreichte der Kundin das Paket wieder.

Sie fragte mich beiläufig: „Gibt es Schlemmer eigentlich auch in unseren Seen?“ Ich sah sie schräg über die Brille hinweg an (war das nun schon geflirtet?). „Nein, bei uns leben die Schlemmer im Winter im Wald! Nur im Sommer trauen sie sich an den See!“ antwortete ich.

Sie schaute mich etwas verwundert an, dankte und verließ den Laden wieder. Wenn ich mir das so überlege: Das wäre die Frau, die zu einem Prinzen passen würde, welcher freiwillig an die Front geht!

Glückliche Hühner

Ostern ist eine sehr mühsame Zeit. Eier, Eier und nochmals Eier, überall! Und das in einer Zeit, in der eigentlich gar nicht so viele Eier auf dem Markt wären, weil die alten Hühner üblicherweise durch Jüngere ersetzt werden.

Und alle wollen weiße Eier, weil die Farben besser zur Geltung kommen, als auf den braunen. Eier sind eher eine Philosophie als ein Nahrungsmittel – damit meine ich nicht die Frage: Was war zuerst!

Es gibt Menschen, die behaupten, dass braune Eier besser schmecken als weiße – und es gibt Menschen, die genau das Gegenteil behaupten. Ich behaupte: die mit Speck schmecken am besten!

Ich lege großen Wert darauf, dass es keine Importeier sind. In der Schweiz ist die Käfighaltung ja bekanntlich verboten – also kann ich davon ausgehen, dass die Hühner einigermaßen artgerecht gehalten werden.

Kürzlich hat mich eine Frau in Wollsocken und Sandalen gefragt, ob wir auch Eier von glücklichen Hühnern hätten?!

Ich fragte sie, was für sie ein glückliches Huhn per Definition sei. „Ein Huhn, das sich frei bewegen kann, auf dem Mist nach Nahrung suchen darf, einen Hahn nicht nur vom Hörensagen kennt und eben ein schönes, artgerechtes Leben führt."

Ich schaute mir die Ökotante an und fragte: „Sind sie sicher, dass so ein Huhn glücklich ist? Stellen sie sich das mal vor: Am Morgen, mit dem ersten Sonnenstrahl kräht ihnen ein Hahn in die Ohren, so laut er kann. Sie müssten aus dem Haus rennen und mit nackten Füssen im Mist nach Würmern suchen, welche sie essen würden.

Den ganzen Tag müssten sie aufpassen, nicht vom Hund gebissen, vom Traktor überfahren oder vom Hahn belästigt zu werden. Sie wären täglich schwanger und würden ein Ei aus dem Körper pressen, welches ihr Baby enthält. Dieses in ein Nest legen und nach dem ersten Spaziergang feststellen, dass das Ei gestohlen wurde. Den ganzen Tag würden sie den Bauernhof nach dem Ei absuchen und am Abend nach dem Hühnerstall. Falls sie diesen rechtzeitig finden, verbringen sie die Nacht auf einer Holzstange – immer am hoffen, dass der Fuchs nicht hereinkommt. Und falls doch, den Hahn mitnimmt. Finden sie das erstrebenswert?

Wäre ihnen da eine gemütliche, warme Halle mit zahlreichen Artgenossen nicht lieber? Das Futter aus der Traufe, keine Feinde, keine Hähne, keine Traktoren? Einfach gemütlich vor sich hinleben …"

Ich glaube, sie hatte eine kleine Träne im Auge …

Ich drückte ihr einen Karton mit Eiern in die Hand: „Diese kommen von einem Bauern aus dem Dorf, der hält seine Tiere anständig!" Sie strahlte mich an.

Und wieder einmal hatte ich ein Huhn glücklich gemacht ...

Textilreinigung

Als innovativer, moderner Dorfladen bietet man immer etwas mehr, als die Kunden erwarten. Dafür braucht man das Rad nicht immer wieder neu zu erfinden – aber ein bisschen zuhören sollte man schon.

Ich habe zugehört und erfahren, dass im Dorf die Annahmestelle für die chemische Textilreinigung fehlt. Also habe ich mich sofort darauf eingelassen und eine Annahmestelle eingerichtet.

Zwei Mal pro Woche wurden die Kleider von nun an in unserem Laden vom Reiniger abgeholt und eine Woche später wieder zurückgebracht. Theoretisch.

Bestimmt merken Sie es schon – was theoretisch so sein sollte, muss in der Praxis nicht wirklich so sein.

Manchmal denke ich wirklich, dass ich die Probleme anziehe, wie ein Kuhfladen die Fliegen!

Ich glaube nicht, dass ein Textilreiniger 30-jähriges Jubiläum feiern kann, wenn er im Durchschnitt 25 Prozent der Aufträge nicht zurückbringt. (Oder lebt er vom Verkauf der Teile?)

Und die Kleider, welche er zurückbringt, sind in drei Kategorien einteilbar: 1. nicht sauber, 2. zerstört und 3. ok.

Dass die Kleider nicht sauber werden, liegt entweder daran, dass sie entweder extrem dreckig waren oder der Wäscher keine Ahnung hat.

Die Zerstörung der Kleider kann ebenfalls verschiedene Ursachen haben: schlechte Qualität der Wäsche, der Waschmaschine oder des Wäschers.

Nachdem der Wäscher bereits in zwei Kategorien als Ursache in Verdacht gerät, kann die perfekte Reinigung fast nur zwei Ursachen haben: Die Kleider waren bereits sauber oder der Wäscher hatte Glück. Immerhin: Wir kamen auf eine OK-Quote von etwa 10 Prozent. Was wiederum bedeutete, dass ich in 90 Prozent der Fälle ein Problem hatte.

Ich ahnte es bereits, als eine meiner Lieblingskundinnen (die Ökotante) mit einer Jutetasche voller Kleider auf mich zukam, dass mich dieser Auftrag noch eine ganze Zeit beschäftigen würde.

Allerdings konnte ich mir sicher sein, falls der Reiniger die schönen Kleider wirklich verkaufte, diese sicher wieder zurückkommen würden. Wie kommen Menschen immer wieder auf die Idee, eine Jacke, welche bereits vor 20 Jahren hässlich war, nochmal reinigen zu lassen und wieder zu tragen?

In weiser Voraussicht drückte ich ihr die Geschäftsbedingungen in die Hand: Textilien, welche bis 5 Jahre alt sind, werden bei Verlust pro Jahr 20% abgeschrieben. Maßgebend ist die Kassenquittung. Ältere Textilien werden nicht vergütet.

Sie belaberte mich noch mit Worten wie: umweltschonende Waschmittel, schonender Umgang, teuer und ähnlichem …

Jedenfalls packte ich den Mantel direkt in den Rotkreuzsack und spendete ihn an die Bedürftigen - ich kann ja so nett sein!

Autokauf

Ist ihnen schon einmal aufgefallen, aus welchem Grund manche Menschen ein Auto kaufen? Ich habe meine Kunden beobachtet und dabei folgendes festgestellt: Es gibt drei Kategorien Autokäufer.

Die Kategorie 1 kauft das Auto, weil es bestimmte Eigenschaften hat. Es geht um Kofferraumgröße, um geringen Verbrauch oder um die Anzahl Sitzplätze. Manche Autos werden gekauft, weil sie besonders günstig in der Anschaffung sind oder weil die Wartungskosten tief sind.

Die Kategorie 2 kauft ein Auto aus emotionellen Gründen; kleine Wagen, Sportwagen, spezielle Farben, enorme Leistung oder einfach schöne Autos. Keine vernünftigen Gründe, einfach Lust an diesem Fahrzeug. Natürlich gibt es hier auch zusätzlich Kriterien aus der ersten Kategorie: Vielleicht hat man bei den schönen Autos das Praktischste gewählt oder das Sparsamste. Aber ganz bestimmt nicht als Hauptgrund.

Will man einen Gebrauchtwagen kaufen, so wird immer wieder empfohlen, einen Fachmann zur Besichtigung mitzunehmen. Am Besten ist es, wenn man diesen persönlich kennt. Ich habe das auch schon gemacht und den Mechaniker der Garage mitgenommen, wohin ich meine Fahrzeuge üblicherweise zur Wartung gebe.

Dieser findet grundsätzlich das Angebot zu teuer – aber selbst hat er nie ein besseres Angebot. Und mehr als einmal hatte ich den Eindruck, er empfahl mir einen Gebrauchtwagen um dann relativ schnell Reparaturen durchführen zu können.

Also muss man einen Fachmann finden, welchem man vertrauen kann. Außerdem darf er keinen Vorteil haben, wenn das Objekt der Begierde nicht so toll sein sollte; nur dann wird er ehrlich abwinken.

Ich habe mir deshalb Folgendes überlegt: Der Fachmann muss ein Verwandter einer Person sein, welche man kennt. Und wie findet man heraus, ob jemand einen Mechaniker oder Autoverkäufer in der Verwandtschaft hat?

Schauen Sie sich einfach die Autos der Menschen in ihrem Umfeld an. Besitzt jemand eine besonders hässliches Auto?

Welches außerdem weder besonders billig noch besonders umweltfreundlich ist, welches unpraktisch aussieht oder keinen besonderen Nutzen bietet?

Kurz: weder mit Argumenten der Kategorie 1 oder 2 eine Existenzberechtigung erlangt? Dann haben Sie den Menschen gefunden! Es gibt nämlich nur einen Grund, solch ein Fahrzeug zu kaufen: Die Person ist mit dem Autoverkäufer verwandt und hat ihm aus diesem Grund den Wagen abgekauft!

Selbst bei größtem Desinteresse kauft niemand spontan ein hässliches, teures und unsinniges Fahrzeug! Nun wissen Sie auch, was Kategorie 3 ist!

Warum Männer nicht reden

In der Schweiz hat es sich eingebürgert, „einen Schönen" zu wünschen. Jeder macht's und keiner weiß warum. Was wünschen sie mir? Einen schönen Haarschnitt? (Mir???) Abend? Tag? Lebensrest? Oder gar einen schönen Unfall? Oberschenkelhalsbruch? Fußpilz? Lottogewinn? Urlaub? Genickbruch? Herzstillstand? Ich weiß es nicht, als Optimist hoffe ich aber immer auf etwas Gutes!

Ich glaube, es hat mit der hierzulande üblichen Wortmengenbeschränkung zu tun. Männer dürfen in der Schweiz pro Tag nur 2000 Worte benutzen und Frauen 4000! Genau deshalb kürzt man die Sätze soweit wie möglich ab!

Um nun aber herauszufinden, was der Mensch, der einem „einen Schönen" gewünscht hat, sagen wollte, müsste man wiederum Worte verschwenden, welche man lieber zuhause brauchen würde, um der Frau die Stirn bieten zu können.

Überhaupt ist das Problem in der Kommunikation zwischen Mann und Frau ganz einfach zu erklären: Sie liest zwischen den Zeilen, obwohl er nichts zwischen die Zeilen geschrieben hat. (Kein Wunder: Wenn ich doppelt so viele Worte zur Verfügung hätte, würde ich vermutlich auch zwischen die Zeilen schreiben!)

Im Laden habe ich festgestellt, dass die Menschen am Vormittag viel gesprächiger sind als am Abend; erst ab Mitte Nachmittag wird abgekürzt.

Ich habe mir angewöhnt, als Antwort auf: „Einen Schönen!" nur noch mit: „Auch!" zu reagieren, um am Abend noch Worte zu haben. Diskussionen können ganz anders ausgehen, wenn dir nicht die Worte fehlen. (Vorsicht: Morgenmuffel ist keine schlechte Eigenschaft – Morgenmuffel ist Strategie!)

Sparsamkeit lohnt sich durchaus! Versuchen Sie es einmal! Verblüffen Sie ihre Partnerin im Streitgespräch mit Worten bis ans Ende der Diskussion!

Ja, liebe Frauen, es ist nicht so, dass Männer nicht streiten können! Sie haben bloß keine Worte mehr übrig! In diesem Sinne: „Einen Schönen!"

Schwimmbad

Nach einer anstrengenden Arbeitswoche empfinde ich es sehr entspannend, in einem Schwimmbad das Wasser zu genießen. Sich etwas treiben lassen, dann wieder schwimmen und sich etwas anstrengen. Muskel bewegen und Verspannungen lösen. Und natürlich andere Menschen zu beobachten.

Durch laute, relativ schnelle Musik wurde ich aufmerksam auf eine Gruppe Frauen, welche sich in Wassergymnastik übte.

Die Leiterin ein absoluter Hingucker; eine Männergruppe hätte sie vermutlich keinen Augenblick aus den Augen gelassen! Jedes Zeichen von den Lippen abgelesen und alle Anweisungen genau abgeschaut.

Aber sie hatte eine Frauengruppe …

Diese konnte man in drei Kategorien einteilen: die unter vierzig, die über vierzig und die über siebzig.

Die Untervierzigdamen, es waren zwei, schwammen richtig gut. Ich wusste nicht, ob sie Synchronschwimmen übten oder Wassergymnastik. Oder gar Synchronsprechen? Jedenfalls drehten sie ihre Runden, ohne die Leiterin eines Blicks zu würdigen. Aber gegenseitig ließen sie sich nicht aus den Augen und redeten ununterbrochen.

Die Übervierzigdamen hatten es da ganz anders: Sie waren eine Mehrheit. Sie versuchten zumindest, die Anweisungen der Leiterin zu befolgen; ablenken konnte sie nur der junge Bademeister in seinen kurzen Hosen und das anschließende Zusammenprallen mit der Nachbarin.

Bei manchen habe ich mich auch gefragt: Wird man ab vierzig generell bewegungsunfähig und verliert die Kontrolle über die eigenen Gliedmaßen oder stellten sich diese Damen einfach unmöglich an? Haben Sie gewusst, dass es mindestens 12 verschiedene Varianten gibt, den linken Arm im Uhrzeigersinn kreisen zu lassen? In der Musik würde man dieses Verhalten wohl Free Jazz nennen: jeder spielt für sich, aber gleichzeitig mit den anderen …

Die Übersiebzigerdamen waren eine kleine Gruppe (ich glaube sogar, die Gruppe war am Anfang grösser). Nicht der Bademeister lenkte sie ab und die Hauptsorge galt nicht den Bewegungsabläufen oder dem Blickkontakt mit der Leiterin! Es ging ums nackte Überleben! Die Damen rangen zuerst mit den Schwimmhilfen und dann nach Luft. Immer wieder kippte eine von der Schaumstoffröhre und versuchte, nicht allzu weit davongetrieben zu werden.

Wenn ich mir das recht überlege: die Übersiebzigerdamen haben sich viel aktiver bewegt als alle anderen – ich denke, die haben wirklich etwas für ihre Gesundheit getan!

Sonnenbrand

Im Dorfladen in einem Ort, wo sich gelegentlich Touristen aufhalten, gibt es allerlei nützliche Dinge zu kaufen.

Getränke, Eis und Snacks erwarten die meisten Menschen im Dorfladen, Heftpflaster, Insektenspray und Sonnencreme schon weniger. Aber Sie wissen ja: als junger, dynamischer …

Sobald die Sonne sich wieder zeigt, kommen die ersten Tagestouristen zu uns in den Laden; mit Sonnenbrand an Armen und Beinen, manchmal im Gesicht oder auf dem Kopf. Und kaufen sich eine Sonnencreme mit Schutzfaktor 5.

Wissen Sie was passiert, wenn man auf verbrannte Haut einen Faktor 5 aufträgt? Für die Haut? Gar nichts. Für das Gefühl? Man bildet sich ein, geschützt zu sein und geht weiter in die Sonne!

Und warum kaufen die Vorverbrannten keinen Faktor 30? Weil es etwas mehr kostet! Ich kann das immer wieder beobachten: Den Schutzfaktor 30 schauen sich die Meisten an, lesen den Preis und nehmen einen 5er! Schließlich haben sie ja bereits einen 30er zuhause!

In Sachen Hautkrebs liegt die Schweiz derzeit gemäß Krebsliga.ch auf Rang 5, nur Australien, Neuseeland, Hawaii und Norwegen sind stärker betroffen. Eigentlich hätte ich persönlich England auf dieser Liste weiter oben erwartet, die kommen aber erst auf Rang 14.

Englische Touristen tragen bei uns grundsätzlich bei Sonnenschein ab 12 Grad Lufttemperatur kurze Hosen. Sehr kurze Hosen. Oft in einer schrecklichen Farbe. Chamäleonhosen - passen in der Farbe zu weißen, mit blauen Krampfadern überzogenen oder krebsroten Beinen. Fast immer haben die Inselbewohner Sonnenbrand – aber ich kann die Statistik nur so deuten: Die haben den Hautkrebs bereits verbrannt. Ausgetrocknet. Dafür kaufen die Briten Bier; kalt, in Dosen und in Mengen.

Aus meinen Beobachtungen schloss ich folgendes: Bier und genügend Sonne schützen vor Hautkrebs! Als gewissenhafter Geschäftsmann habe ich mich kürzlich an einen Selbstversuch gewagt.

Sonntagmorgen, strahlender Sonnenschein, fünf Dosen kaltes Bier zum Frühstück. Als ich wieder erwachte, war die Sonne bereits am Horizont verschwunden und der Sonntag auch. Mir war übel, der Kopf schmerzte und ich konnte die ersten Blasen auf der roten Haut entdecken – aber kein Hautkrebs. Es funktioniert also!

Allerdings: Die Farbe blätterte mit Hautfetzen wieder ab und ich war immer noch nicht braun. Irgendetwas habe ich falsch gemacht. Nächstes mal versuche ich es mit Chamäleonhosen.

Ballerinas

Meine Herren, haben Sie es jemals gewagt, einer Frau zu sagen, sie habe breite Füße? Ja? Und wie lange mussten Sie anschließend aus der Schnabeltasse trinken? Zwei Wochen? Ja, ich weiß ... mit zugeschwollenen Augen findet man den Becher sehr schlecht!

Und die Folgekosten: jede Woche Blumen, ein Jahr lang mindestens. Von der seelischen Qual des gemeinsamen „Pilchersehens" ganz zu schweigen!

Enten sind niedlich. Kleine Patscheflösschen, schön breit zum Paddeln, das ideale Werkzeug zum Vorwärtskommen im Wasser. Dazu ein dicker Bauch für den Auftrieb und ein spitzes Hinterteil für die Steuerung.

Haben Sie es bemerkt? Die Aussage über breite Füße haben Sie nur falsch formuliert! Andererseits: Einer Frau den Zusammenhang von Wasserauftrieb und Bauchvolumen zu erklären ist nicht weniger gefährlich!

Ich gebe es ja zu: Eine Frau hat es recht leicht, meine Blicke auf sich zu ziehen.

Meine Augen bemerken ein attraktives Wesen bereits, wenn sie den Laden betritt. Bedingt durch die leichte Unschärfe meines Blicks über die Brille hinweg, orientieren sich meine Augen zunächst an der Silhouette und schließlich an der Frisur und Haarfarbe. Ja, auch das gebe ich zu (bin auch nur ein Mann): Ich erinnere mich hinterher nicht mehr an die Frisur, aber ich weiß wenigstens noch, ob sie mir gefallen hat!

Meine Nase nimmt den Geruch von Parfum auch aus großer Distanz war und attraktive Frauen riechen immer gut. (Oder werden Frauen attraktiv, wenn sie gut riechen?)

Und meine Ohren erst! Klack, klack, klack ... Absätze auf den Bodenplatten lassen mich hellhörig werden. Alleine am Klang der Schritte erkenne ich manche Kundin im Laden.

Neulich wurde ich aber getäuscht: eine Frau, von Weitem bereits ein

„Herzklopfer", ein betörender Duft – aber kein Ton. Kein Klack. Ich spürte, dass sie direkt hinter mir stand – aber ich hörte sie nicht.

Also drehte ich mich um. Zum greifen nah stand sie da, lächelte mich schüchtern an. Haare wie ein Engel und Augen wie gemalt. Ich bestaunte sie vermutlich mit offenem Mund. Ihre Kleider, ihre Figur, wow … und die Beine, lang und schlank. Und ganz zuunterst? Die Füße in Ballerinas gesteckt!

Frauen, wie könnt ihr mir bloß so etwas antun? Seht ihr denn nicht, dass die Füße in diesen Schuhen zu Schwimmflossen werden?

Ich fragte sie ganz vorsichtig, ob sie Enten auch so niedlich fände …

Fussball

Ich habe nie behauptet, etwas von Fußball zu verstehen! Böse Zungen behaupten, das sei bei einigen Fußballprofis auch so.

Die heutige Radiomeldung hat mich aber doch etwas nachdenklich gemacht: Ein Fußballer wurde von den Fans ausgepfiffen. Deshalb überlege er sich den Rücktritt aus der Nationalmannschaft, hieß es da.

Hmmm … in meinem Lexikon steht unter Fan: „Ein Fan (englisch fan [fæn], von fanatic „Fanatiker") ist ein begeisterter Anhänger einer Person, einer Gruppe von Personen oder einer Sache." Naja, vielleicht waren es Fans der gegnerischen Mannschaft … ich sag' ja, ich verstehe nichts von Fußball.

Man kann Fußballfans in drei Kategorien einteilen: die Mitläufer, die Gemäßigten und die Fanatischen.

Die Mitläufer sind harmlos. Ihnen ist Fußball egal. Aber wenn ein wichtiges Spiel läuft, sind sie am mitfiebern. Die Mitläufer geben aber keine Kommentare ab, so dass niemand ihre Unkenntnis bemerkt.

Gerade jetzt komme ich ins grübeln: „wichtig" und „Spiel" in einem Satz? Das geht doch gar nicht! Ein Spiel kann gar nicht wichtig sein, sonst ist es ja kein Spiel mehr! Mein Lexikon sagt über das Wort „Spiel": „Das Spiel ist eine Tätigkeit, die ohne bewussten Zweck zum Vergnügen, zur Entspannung, allein aus Freude an ihrer Ausübung ausgeführt wird."

Die Gemäßigten sind da ganz anders: Das Spiel wird analysiert und jede einzelne Szene ausführlich beurteilt – um am Ende zum Resultat zu kommen: Der Trainer hat versagt!

Für die Fanatischen gibt es nur die eigene Mannschaft! Und sollte die Heimmannschaft dennoch verlieren, dann wird geprügelt und Autos angezündet.

Oder gepfiffen. Naja, wie sollten sie auch anders; wahrscheinlich können sie ja weder lesen noch schreiben!

Kürzlich hatte ich einen Gemäßigtem im Laden. Er war sauer. Seine Mannschaft hatte verloren, 6:0. Wiederum war der Trainer schuld.

„Hast du dir schon mal überlegt, dass, wenn eine Mannschaft gewinnen will, eine andere verlieren muss?“ fragte ich. Er überlegte kurz und sagte dann: „Stimmt, aber wenn unser Trainer besser gewesen wäre, hätten die anderen verloren!“ „Dann würden die Anderen aber seinen Rücktritt fordern!“ „Du verstehst wohl nichts von Fußball?!“ sagte er zu mir und ging.

Na warte, ich weiß, wo dein Auto steht!

Die Parkuhr

Ich geb's ja zu; wir Berner sind ein Volk für sich – und ich bin nicht nur ein Berner, sondern einer vom Land. Gewisse Vorurteile werden wohl schon irgendwie stimmen - bewusst wurde mir das kürzlich, als ich geschäftlich nach Zürich musste.

Wir Berner sind immer freundlich – freundlicher als die Stadtmenschen. Freundlicher als die Zürcher. Wir grüßen jeden, dem wir begegnen, egal ob wir ihn kennen oder nicht. Und wie gesagt: Ich bin vom Land …

Ich fuhr mit meinem Stadtauto, dem alten Subaru Kombi in die Stadt Zürich. Bei diesem Auto stört es mich nicht, wenn mir einer einen Kratzer reinfährt und Wertgegenstände vermutet wohl auch niemand in dieser Karre. Dass der Wagen lauter ist als meine Kaffeemaschine, ist mit ebenfalls egal.

Ich fuhr also in der Nähe des Bahnhofs Zürich in ein Parkhaus. Freundlich, wie ich bin, grüßte ich den Ticketspender an der Schranke. Und prompt erklang aus dem Lautsprecher ein: „Häh?“

Ich sagte noch einmal „Guten Tag!“ „Haben Sie ein Problem?“ fragte die Stimme. „Nein, alles klar bei mir, und wie geht es Ihnen?“ antwortete ich. Währenddessen hupte der Wagen hinter mir. Natürlich war inzwischen die Schranke wieder geschlossen, so dass ich den Hilfeknopf drücken musste. Wieder ein „Häh“. Nach kurzer Problembeschreibung öffnete sich die Schranke und ich fuhr los. Genauer gesagt: wollte losfahren. Mein Wagen hüpfte einen halben Meter vorwärts und das markante Motorengeräusch verstummte. Hintermann hupte erneut, ich drehte den Anlasser, aber es geschah nichts.

Nach einigen Versuchen stieg ich aus, ging zum Wagen hinter mir. Der Typ wurde blass. Ich grüßte freundlich und bot ihm an, seine Hupe zu drücken und er dürfte dafür versuchen, meinen Kombi zu starten.

Die Tatsache, dass er sein Fenster schloss und die Verriegelung drückte, deutete ich als Nein. Ich trat mein Auto kräftig ins Heck und tatsächlich sprang der Motor beim nächsten Versuch problemlos an. Ich suchte mir ein freies Parkfeld, ging in die Stadt und wurde kein einziges Mal gegrüßt. Auch der Kassenautomat blieb stumm, als ich mein Ausfahrticket bezahlte.

Tags darauf, ich stand wieder im Dorfladen an der Kasse, da kam ein Zürcher bei uns einkaufen. Er grüßte und lobte die schöne Umgebung. Und ihm sei aufgefallen, dass hier alle so freundlich wären und niemand grußlos an ihm vorbeigehen würde!

„Häh?" sagte ich …

Rennradfahrer

Kennen Sie den Unterschied zwischen einem Rennradfahrer und einem Radrennfahrer? Ich jetzt schon: das Tempo!

Ich beliefere im Sommer immer wieder Veranstaltungen mit kalten Getränken. Der Kühlwagen ist groß und geräumig. Wenn man viel liefert, ist die Chance grösser, dass viel verbraucht wird. Somit ist der Kühlwagen in der Regel nicht unterbeladen. Dafür aber das Zugfahrzeug öfters untermotorisiert.

Immer im Sommer, so sicher wie die Mücken in der Nacht, schwärmen sie tagsüber wieder auf den heißen Straßen herum: Die Rennradfahrer. Und ebenso lästig!

In gepolsterte Kurzhosen und bunte Werbeshirts gepackt, strampeln sie sich bei 30 Grad Hitze auf dem Asphalt ab. Gewichtsreduktion um jeden Preis; die Meisten lassen offenbar selbst das Gehirn zuhause, um nichts Unnötiges mitzuführen.

Oder reduziert die Hitze das Denkvermögen? Rennradfahrer sind ganz bestimmt keine Autofahrer – so idiotisch kann man sich gar nicht zwischen den Autos hindurch kurven, wenn man selbst jemals am Steuer eines vierrädrigen Fahrzeugs saß.

Merken Sie etwas? Genau: Ich mag die Rennradfahrer nicht. Nicht mehr.

Mit angehängtem Kühlwagen, gefüllt bis zum Rand mit Getränken, war ich auf dem Weg, eine Veranstaltung zu beliefern. Ich weiß nicht, warum die Nutzlast im Fahrzeugausweis so niedrig angegeben ist – ich konnte den Wagen locker mit dem Doppelten beladen und immer noch fahren. Und hätte mein alter Lieferwagen etwas mehr Kraft, so würde das gar nicht auffallen. Weil ihm diese Energiereserve aber verwehrt blieb, brauche ich von Null auf Fünfzig rund drei Kilometer. Das heißt, dass die Rennradfahrer während des ersten Kilometers locker davonziehen, auf dem Zweiten ich aufhole und nach Kilometer drei wieder eingeholt habe. Sollte ich das Glück haben und die Strecke über eine weitere Distanz führen, so kann ich sogar überholen. Blöd ist nur, wenn bei Kilometer 3,5 eine Straßenverengung kommt.

Mister Hirntod, seine letzten Kraftreserven aufbringend, meinte, er könne die Engstelle vor mit passieren. Eine Vollbremsung meinerseits konnte den Zusammenstoß gerade noch verhindern – im Anhänger rumpelte es. Ich begann wieder bei Null; einholen konnte ich ihn nicht mehr. Am Ziel angekommen, stellte ich fest, dass das Bier bereits hinten aus dem Kühler floss und als ich die Türe öffnete, kamen mir die Flaschen entgegen. Ich war sauer – das sollten die Radler zurückbekommen.

Das Radrennen am folgenden Wochenende schien mir genau richtig, etwas Werbung für den Dorfladen zu machen. Ich stellte mich also mit meinem Kühlwagen an den Straßenrand und wartete … wenn die hinter mir herfahren müssten, so würde man meinen Wagen länger sehen, sogar im Fernsehen.

Als ich das Feld im Rückspiegel herannahen sah, startete ich den Motor und fuhr los. Gerade, als ich den zweiten Gang einlegen wollte, rauschten die Radrennfahrer an mir vorbei, gefolgt von Kamerateams und Begleitfahrzeugen. Als ich in den Dritten schaltete, waren sie nur noch am Horizont zu sehen. Ich versuchte gar nicht mehr, sie einzuholen. Der Klügere gibt bekanntlich nach …

Fussgänger drücken

Ja, der Dorfladen steht in einem Dorf auf dem Land. Ich bin es nicht gewohnt, mich in der Stadt zu bewegen. Kürzlich musste ich dennoch in die Stadt. Ich stand an einem Zebrastreifen. Die Ampel zeigte Rot. Unter dem Leuchtmännchen eine Tafel (glücklicherweise hatte ich die Kontaktlinsen drin): "Fußgänger drücken" konnte ich lesen.

Ich konnte keinen finden zum Drücken, stand mutterseelenalleine da ... (da halfen auch Kontaktlinsen nichts, weder zum Sehen, noch zum Kontakten - kein Mensch weit und breit.

Gewissenskonflikt: Durfte ich nun über den Zebrastreifen, ohne einen Fußgänger zu drücken oder würde ich allenfalls gebüßt?

Andererseits: Wenn ein Polizist da gewesen wäre, hätte ich diesen ja drücken können!

Ich stand also am Straßenrand und dachte nach. Ich stand und stand (als Berner fällt mir das Schnelldenken nicht so leicht).

Schließlich beschloss ich umzukehren und mit dem Auto auf die andere Straßenseite zu fahren! Ich bog um die Ecke und da fand ich ihn ... (ja, den Wagen auch) und einen Polizisten, welcher mir gerade einen Straffzettel ausfüllte; die Parkzeit war zwischenzeitlich abgelaufen!

Wieder dachte ich nach: Sollte ich mir nun den Polizisten schnappen, zum Fußgängerstreifen schleifen und drücken? Dadurch würde meine Parkzeit markant überschritten, allerdings wäre kein Polizist dort, der es merken würde. Andererseits hatte ich die Busse ja schon.

Ach, wie kompliziert ist das Leben in der Stadt! Ich setzte mich ins Auto und fuhr nach Hause, aufs Land, wo man einfach über die Straße gehen kann, auch wenn man alleine ist ...

Ladenvergleich

Als offener, innovativer Jungunternehmer, besichtige ich gelegentlich Ladenkonzepte der Konkurrenz. Und viele Ideen für den Laden bekomme ich auch, wenn ich artfremde Geschäfte besichtige.

Deshalb habe ich kürzlich ein Einkaufszentrum in der Nähe von Zürich besucht und mich genau umgesehen.

Als Mann mit einer Neigung fürs Schöne, fiel mir ein Laden ganz besonders auf. Naja, eigentlich das Personal. Es handelte sich um einen Parfümerie– und Kosmetikladen.

Die Damen waren alle sehr beschäftigt: nicht mit Kunden bedienen, nein, mit sich selbst aufpolieren! Oder die Kolleginnen zu schminken. Ich selbst konnte mich im Laden sehr frei bewegen – niemand sprach mich an, kein Gruß. Dabei wäre ich doch gerne mit einer dieser Schönheiten ins Gespräch gekommen.

Ich verließ diesen Laden wieder und schlenderte weiter, am nächsten Geschäft vorbei. Es roch nach Tee und alten Holzregalen.

Ehe ich wusste, wo ich war, wurde ich von weitem begrüßt. Ich hob den Kopf und grüßte zurück. Nein, diese Frau wäre mir nie aufgefallen! Natur pur - eine altmodische Arbeitsschürze, Birkenstock-Sandalen, kleine runde Brillengläser. Es fehlte nur die 30-jährige Ledertasche. Ich weiß nicht warum; wenig später stand ich in diesem Reformladen.

Ich fühlte mich nicht wohl. Soviel Vollwert, soviel Ersatz: Fleischersatz, Kaffee-Ersatz, Milchersatz. Zwischen den Lebensmitteln Bücher und Schuhe – mir stellte es die Haare auf (jaja, nicht auf dem Kopf!). Und alle sieben Meter eine Dame, welche optisch ganz bestimmt tausendmal besser in einen Reformladen passte als in eine Parfümerie. Aber, ich wurde von jeder dieser Damen gegrüßt und angelächelt.

Wer mich kennt, weiß, ich bin nicht immer nett. Falls ich geboren wurde, um nett zu sein, so hätte mir das jemand sagen müssen. Und ich bin leicht durch optische Reize beeinflussbar. Aber ich bin auch ein Beobachter; ich nehme Dinge um mich herum wahr. In der Nähe der Kasse befand sich eine weitere Verkäuferin. Und auch sie lächelte mich an. Und wie ... Also nahm ich einen Müsliriegel aus dem Regal und stellte mich an die Kasse. Sie kam zu mir und tippte den Artikel, kassierte und verabschiedete sich mit einem Lachen auf den Lippen. Seltsam, irgendwie hatte ich Herzklopfen bekommen!

Ich verließ das Reformhaus und biss in den Riegel. Ich drohte daran zu ersticken; wie kam ich auch nur auf die Idee einen Müsliriegel zu kaufen? Ich wollte Schokolade!

Ich schaute noch einmal in die Parfümerie; dort hatte sich nichts verändert. Und ich kaufte auch diesmal nichts. Seltsam, irgendwie waren mir die Damen nebenan sympathischer. Scheinbar bewirkt ein Lächeln doch mehr als die vollkommenste Schminke!

Geburtstag

Es geht uns doch allen gleich: Ein runder Geburtstag und jeder weiß, wie schlimm es jetzt wird!

Schmerzen in den Gelenken, den eigenen Namen vergessen, graue Haare. Man wird gefeiert, als wäre es der letzte Geburtstag überhaupt. Ich bin heute Morgen aufgewacht und habe festgestellt: Mir tut nicht mehr weh, als gestern Abend. Meine Haare (ja, ich habe nicht rasiert!) sind nicht grauer sondern länger. Ich stehe immer noch vor dem Pinkeln auf und ich weiß immer noch, wie ich heiße. Ich habe den Kaffee ohne zu sabbern trinken können. Das Brot ist hart, weil ich es nicht verpackt habe und nicht, weil meine Zähne nachgelassen haben. Die Ringe unter den Augen habe ich vom Vorfeiern. Inventur am Körper: alles noch dran, nichts verloren, nichts gewonnen.

Warum also all die Warnungen? Warum die Hinweise? Die Menschen um mich herum, welche bereits etwas Vorsprung haben, kann ich ja verstehen; die haben die Erfahrung bereits gemacht. Aber die Jüngeren? Woher wissen die, wie alt man sich fühlt, wenn man einen runden Geburtstag feiert? Angst? Eifersucht?

Ich kann euch heute, hier und jetzt sagen: Es schmerzt nicht, es verändert sich nichts und alles bleibt wie bisher! Und wisst ihr was? Ich bin froh, dieses Alter überhaupt erreicht zu haben! Das schaffen nicht alle!

Aber doch, etwas hat sich verändert: Erst in zehn Jahren habe ich wieder einen Runden; der Countdown wurde auf Null gestellt und ich werde neun Jahre lang nicht wissen, wie alt ich bin. Neun Jahre lang ausrechnen müssen, ob ich nun schon … oder noch …

Geburtstage sind immer ein guter Aufhänger, um das Alter von Kunden herauszufinden!

Wenn sie schon am Gratulieren sind, so sagen alle Älteren: Willkommen im Club und die Jüngeren gratulieren einfach. Das heißt, dass ich diese problemlos fragen kann, wie alt sie sind, weil ich ja eben älter bin.

Eine meiner Lieblingskundinnen (Wollpullover im Juli) machte es mir aber nicht einfach: „Ich habe in diesem Jahr auch einen runden Geburtstag!“ sagte sie. Ich musste schwer nachdenken; jetzt bloß nichts Falsches sagen. Naja, 60 konnte sie bestimmt noch nicht sein, obwohl ihre Kleider und ihr Auftreten sie echt alt erscheinen ließen. Ihre Kinder waren um die 10 Jahre alt, woraus ich schloss, dass sie mehr als 30 war. Also war sie 40 oder 50 … Mein Gefühl tendierte zu zweitem. Meine Risikobereitschaft zu erstem …

Heute weiß ich: Wenn du keine Kundin verlieren willst, vertraue NIE deinem Gefühl!

Sie war der Meinung, 35 sei auch ein runder Geburtstag …

Mann mit Hut

Heute war wieder einmal so ein Tag. Mann mit Hut macht Scherz – Opfer fand's nicht lustig. Das wäre ja alles nicht so schlimm, wenn nicht ich das Opfer gewesen wäre. Nicht schlimm für mich natürlich …

Besagter Kopfbedeckungsträger näherte sich mir von hinten (Insider wissen: Ich hasse das!) und quatschte mich an: „Gibt es hier einen Filialleiter?“ Ich drehte mich um und sah auf ihn hinab; er musste seinen Kopf heben, um mich unter dem

Hutrand hindurch sehen zu können.

„Nein," sagte ich mit emotionsloser Stimme. „Einen Stellvertreter?" hakte er nach. Ich schüttelte den Kopf: „Nein, es gibt hier keinen Stellvertreter." „Gibt es denn sonst einen schlauen Kopf in diesem Laden?" wollte er nun wissen. Bevor ich auch nur Luft holen und mir die passenden Worte zurechtlegen konnte, ergänzte er: „Nichts gegen sie, aber ich brauche jemanden mit Kompetenz!"

Ich schaute wieder einmal über meine Brille. „Große Worte für einen kleinen Mann" sagte ich. „Und was wollen sie denn von einem schlauen, kompetenten Kopf?" „Ich glaube nicht, dass das sie etwas angeht!" schnaubte er verärgert.

Zwischenzeitlich hatte ich meine Worte beisammen und ich konnte richtig loslegen. „Nun hören sie mir mal zu: Wer mich von hinten anspricht, verliert 100 Punkte auf der Beliebtheitsskala! Ist es ein Mann und keine schöne Frau, sind weitere 100 verloren! Ist es ein kleiner Mann, bekommt er einen Punkt pro Zentimeter Körpergröße gutgeschrieben – bei ihnen wären das so etwa 135. Hutträger verlieren automatisch weitere 100 Punkte – und wer den Hut im Gespräch mit mir aufbehält, verliert 2000 Extrapunkte. Ihr Beliebtheitskonto hat jetzt schon einen Saldo von minus 2165 Punkten. Es gibt hier keinen Filialleiter und keinen Stellvertreter. Und es gibt hier keinen schlaueren Kopf als meinen. Und ich verfüge über alle Kompetenzen der Welt. Und wenn sie etwas sagen wollen, was mich nichts angeht, dann gibt es nur eine Möglichkeit: Gehen sie raus und suchen sie sich irgendeinen Gesprächspartner. Mir gehört dieser Laden und ich bin jetzt alleine hier!"

Ich weiß nicht, was in seinem Kopf vorging. Vermutlich rechnete er den Punktestand nach. Langsam fasste er sich wieder. „Ach so, dann kann ich ja wirklich sie fragen," stammelte er „dürfte ich bitte draußen an der Plakatwand ein Flugblatt aufhängen?"

Er durfte. Als er weg war, sah ich mir sein Werk an. Das Flugblatt warb für einen Vortrag im Gemeindehaus. Thema: ‚Generationenkonflikt, gibt es das wirklich?'

Die sollen mich jetzt bloß nicht fragen, ob ich ein Referat zu diesem Thema halten würde.

Bergkäse

Unser Dorfladen ist bekannt für die große Auswahl an Käse. Nicht zuletzt, weil ich selbst Käse liebe. Es gibt kaum eine Sorte, welche ich nicht kenne. Manche Touristen haben entdeckt, dass man Käse auch als Souvenir mitnehmen kann; die ganz guten Touristen kaufen den Käse bei mir!

Kürzlich kam eine sehr sympathische Frau an die Käsetheke. „Ich hätte gerne einen Bergkäse aus der Region!“ sagte sie freundlich. Ich lächelte sie an. „Das gibt es nicht!“ sagte ich ebenso freundlich. Sie wirkte verunsichert: „Haben sie keinen Bergkäse aus der Region?“ „Wenn es welchen geben würde, hätte ich ihn ganz bestimmt hier im Sortiment, aber es gibt hier in der Region keinen Bergkäse!“ Sie schaute mich irritiert an. „Warum nicht?“ hakte sie nach. „Kommen sie mal mit,“ sagte ich „gehen wir mal vor den Laden und ich erkläre es ihnen!“

Sie stellte den Einkaufskorb ab und folgte mir zur Türe. Auf dem Vorplatz angekommen, fragte ich sie, was sie hier alles sehe. „Häuser, Blumen, Autos, einen Brunnen, Menschen, eine Schweizerfahne …“ „Genau,“ sagte ich „und wissen sie, was hinter diesen Häusern ist?“ „Ein See!“ antwortete sie spontan. „Aber was hat das mit dem Käse zu tun?“ „Sehen sie hier irgendwo einen Berg?“ fragte ich ruhig, leicht amüsiert.

„Nein, hier nicht, aber auf der anderen Seeseite!“ „Das sind keine Berge, das sind Hügel,“ erklärte ich ihr. „Hier gibt es keinen Bergkäse, weil es keine Berge hat! Bei uns darf ein Bergkäse nur dann so heißen, wenn er aus den Bergen kommt! Aber kommen sie doch wieder mit rein, wir finden bestimmt einen Bergkäse für sie, einfach keinen aus der Region!“

Sie lächelte und folgte mir. Ich gab ihr verschiedene Bergkäse zum Probieren. Während ich ihr ein Stück Käse abschnitt und verpackte, schaute sie sich in der Theke die Auswahl an.

„Können sie mir bitte draußen noch etwas erklären?“ sagte sie plötzlich. Ihre Augen leuchteten wie die eines Kindes, das auf das Zuschnappen seiner Falle wartete. Ich mag es nicht, wenn ich merke, dass jemand den Spieß umdreht und ich das Gefühl habe, das Spanferkel zu werden. Draußen fragte sie mich, was ich hier sehe. Ich zählte alles auf, was mir auffiel … Häuser, Blumen, Autos, einen Brunnen, Menschen, eine Schweizerfahne …

„Und wie kommt es, dass sie im Käsesortiment einen Edamer aus der Schweiz haben? Ich sehe hier kein Holland!“

Ich war sprachlos und schenkte ihr den Bergkäse. Ich glaube, den hatte sie sich verdient!

Herdenschutzhunde

Ich hatte heute einen freien Tag. Schon lange wollte ich wieder einmal in den Zoo nach Zürich. Heute hat mir das Wetter gepasst, Schulferien sind auch keine mehr, also los.

Naja, Schulferien sind offenbar noch nicht überall zu Ende; dies stellte ich bereits auf dem Parkplatz fest ...

Eigentlich ist es noch gar nicht so lange her, dass ich zuletzt dort war. Ich fand mich sofort zurecht und die Tiere waren alle noch am selben Ort. Ich machte meinen Rundgang; Terrarien, Aquarien, Affenhaus. Später Fischotter und Alpakas. Und langsam näherte ich mich meinem Lieblingstier, dem Wolf. Ich postierte mich mit der Kamera im Beobachtungshaus, vor meiner Linse ein wunderschönes Tier, welches sich sonnte. Der Boden unter mir wackelte, als ein Paar in die Aussichtsplattform kam.

Er: „Wunderschönes Tier, das dort unten in der Sonne liegt!" Sie schaute nur kurz und wandte sich den Informationstafeln zu. „Das ist ein Herdenschutzhund, steht hier!" Ich glaubte zuerst, mich verhört zu haben. „Diese Hunde schützen die Schafe vor den Wölfen", erklärte sie ihm weiter.

Nun wird er sie aber sicher belehren, dachte ich ...

Er: „Ach so, Herdenschutzhunde, ich wusste gar nicht, dass sie solche Tiere im Zoo halten!" „Ja," fuhr sie fort, „und seltsamerweise steht hier auf der Tafel: Das Wolfsgehege ist eine Spende von ...!“ Er wieder: „Aber es sind wunderschöne Tiere, diese Herdenschutzhunde!" Sie gingen weiter.

Ich rieb mir die Augen; ich musste geträumt haben. Auf der Infotafel stand eine schöne Beschreibung über den Wolf. Daneben war eine weitere Tafel mit dem Bild und der Beschreibung eines Herdenschutzhundes und seiner Schafherde. Dazu eine ausführliche Beschreibung, wie der Herdenschutz funktioniert.

Ich stelle mir gerade vor, wie sich die beiden in meinem Dorfladen bewegen.

Er nimmt eine Kinderüberraschung in die Hand und sagt: „Sieht lecker aus, wunderschön!“ Sie: „Das sind verschluckbare Kleinteile, für Kinder unter 36 Monaten nicht geeignet!“ „Ach so, verschluckbare Kleinteile, ich wusste gar nicht, dass man solche auch kaufen kann!“

Handykids

Wie ich immer wieder mal erwähne: Ich bin ein aufgeschlossener, moderner Zeitgenosse.

Ich bin begeistert von jeglicher Technik, Elektronik, Multimedia und Kommunikationstechnologie. Ich bin auch sehr dafür, dass sich Kinder mit solchen Geräten vertraut machen und bereits in früher Jugend damit umgehen können.

Und genau das ist für mich der springende Punkt! Damit umgehen können, heißt für mich: Die Geräte zu benutzen, wenn die Zeit dafür ist, man einen Nutzen (auch Unterhaltung kann ein Nutzen sein!) hat und die Geräte auszuschalten, wenn man sie nicht braucht.

Wenn ein 10-jähriger ein Handy mitnimmt, um nach dem Geburtstagsfest das Eltern-Taxi anzurufen, so ist das für mich absolut in Ordnung. Aber in der Schule braucht es ganz bestimmt keine Smartphones! Schon gar nicht, wenn ich sehe, wie Nachrichten geschrieben werden. TX2U ist für mich eine Typenbezeichnung eines Fernsehgerätes – aber ganz bestimmt kein Dankeschön für etwas. Und „viele" schreibt man auch auf dem Handy mit „v" und nicht mit „f".

Ganz anders geht es da der älteren Generation; die „Neuhandybesitzer Ü68". Diese Menschen bringen mich doch immer wieder zum Lachen: Arme zu kurz, um auf dem Display etwas zu erkennen, eine Woche am Tippen, um eine SMS zu senden.

Amüsiert konnte ich kürzlich einen Mann beobachten, der seinem Enkel im Laden die Zeit vertrieb (oder sich?) während die Oma einkaufte.

Er zeigte dem Kleinen Fotos, welche er mit dem Handy gemacht hatte. Erstaunlich flink bediente er das Gerät, das musste ich mir eingestehen. Ansonsten sah er eher unbeholfen aus.

Schließlich hörte man einen Klingelton; übermäßig laut dudelte der Nokia-Standard-Ton (wer mich kennt, weiß, was ich davon halte!).

Naja, der wird seinem Enkel nun alle Klingeltöne abspielen, war mein Gedanke. Er drückte ein paar Tasten, der kleine Junge lachte und wiederum dudelte es … aber immer noch Nokia-Standard-Ton. Der Mann staunte und drückte weiter.

Plötzlich kam er zu mir an die Kasse. „Können sie mir bitte sagen, was da steht? Diese Meldung habe ich noch nie gesehen und ohne Brille erkenne ich es nicht."

Ich schaute mir das Display an. „2 unbeantwortete Nachrichten, steht da!" sagte ich. „Und was bedeutet das?" wollte er wissen. „Dass jemand versucht hat, sie anzurufen, aber sie nicht abgenommen haben! Wissen sie, mit diesem Gerät können sie auch telefonieren, nicht nur Bilder anschauen und Musik machen!"

„Ach wissen sie, ich verstehe nichts von diesen modernen Geräten – es gehört meinem Enkel … aber weil er noch nicht lesen kann, schauen wir nur die Fotos an …"

Wiederkäuer

Haben sie schon einmal Kühen beim Wiederkäuen zugesehen? Sie stehen oder liegen seelenruhig herum und bewegen kreisförmig die Kiefer. Gemütlich – wenn ich mir vorstelle, wie viel mehr Kühe vom Essen haben. Slow Food in Perfektion.

Menschen sind da schon sehr anders. Immer in Eile, möglichst schnell herunterschlingen, um mehr Zeit für Kaffee, Dessert, Zigarette und Zeitung zu haben.

Aber es gibt auch bei den Menschen Wiederkäuer. Im Gegensatz zu den Kühen (Menschen eben) sind sie immer in Eile.

Ich kann sie nicht ausstehen: die Kaugummiwiederkäuer! Sicher: Lieber Kaugummi kauen, als mich mit Mundgeruch belästigen. Aber man kann Kaugummis auch ganz diskret und in aller Ruhe durchkneten.

Wenn ich hinten im Laden stehe und sehe, dass die Person am Eingang am Kauen ist, so sind alle Bonuspunkte bereits verloren (naja, bei besonders hübschen Frauen sinkt es nicht ganz auf Null, aber ziemlich tief.

Eben genau so eine Wiederkäuerin hatte ich kürzlich im Laden. Hektisch, nervös, suchend. Und den Mund immer beschäftigt, aber kein Wort sagend. Zwischendurch rosa Kaugummiblasen machend - wenigstens entsprach sie optisch meiner Vorstellung einer sympathischen Frau.

Sie kaufte ein paar wenige Dinge ein (was sie noch etwas netter machte) grüßte aber nicht, und ging wieder, ohne ein Wort zu sagen. Ich schaute ihr noch nach und sah, dass sie den Kaugummi auf die Straße spuckte.

Ich weiß nicht, ob mich das nicht sogar noch mehr störte, als das Kauen. Jedenfalls sanken ihre Bonuspunkte auf minus.

Nach Ladenschluss ging ich zu meinem Auto. Als ich einsteigen wollte, bemerkte ich, dass ich in etwas getreten war. Kaugummi an den Schuhsohlen. Ich hasse es!

Naja, der Vergleich mit den Wiederkäuern ist wohl nicht so falsch; aber wäre eine Kuh wohl beleidigt, wenn man sie „Mensch“ nennen würde?

Scheißlich

Wie schmeckt Tee am besten? Mir persönlich, wenn man statt Teeblättern Kaffeepulver brüht; aber das ist es nicht, was ich meine!

In einer schönen Tasse serviert natürlich! Und wie könnte es anders sein: Im Dorfladen gibt es seit Neuestem eine Auswahl an schönem Porzellangeschirr aus

China. Sündhaft teuer und schlicht im Design.

Ich befand mich in Gedanken irgendwo, arbeitstechnisch war ich an einer Bestellung, als ich neben mir eine Frauenstimme zu ihrem Mann sagen hörte: „Die sind aber scheißlich!“ Seltsames Wort in meinem Laden. Ich hob meinen Kopf und beobachtete die beiden Personen. Sie hatte eine meiner Teetassen in der Hand und sagte wieder: „Scheißlich!“

Wie meinte sie das wohl? In Farbe, Form? Geruch? Geschmack? Im Falle der beiden letzteren wollte ich nicht wissen wie sie dies herausfand.

Sie redete weiter mit ihrem Begleiter und nun merkte ich es: Sie war eine Österreicherin! Ihr „scheißlich“ hatte nun eine ganz andere Bedeutung. Sie meinte „scheußlich“.

‚Bei deinem Aussehen würde ich den Mund nicht so voll nehmen‘ dachte ich ... „Wie bitte?“ fragte sie. Upps, hatte ich etwa laut gedacht?

„Nichts ...“ antwortete ich, ohne sie dabei anzusehen.

Sie stellte die Tasse zurück ins Regal – oder versuchte es zumindest. Mit lautem Geklirre zersprang die Tasse in Tausend kleine Teile, als sie den Boden erreichte. „Die bezahle ich!“ sagt sie beschämt. Normalerweise lasse ich solche Unfälle einfach als „Kundenbruch“ abbuchen; bei ihr machte ich aber eine Ausnahme: Sie durfte die Tasse bezahlen.

Aber ich war nett: Die Tassen werden im Zweierset angeboten. Deshalb packte ich die verbliebene Tasse in die dazugehörende Box und überreichte sie der Dame.

Sie wollte sie nicht. „Die Tasse können sie behalten, mir gefällt sie gar nicht!“ sagte sie beim Hinausgehen.

Raten sie mal, wie ich meinen Tee heute trinke. Aus einer edlen Porzellantasse aus China, bezahlt von einer Österreicherin und gebraut aus feinsten südamerikanischen Kaffeebohnen. Ich bin ja so was von Multikulti!

Keine Spur von scheißlich ...

Keine Ananas

Die klassische Zusammensetzung: Ich, unterkoffeiniert, die alte Dame ohne Begrüßung an mich herantretend.

Es war absehbar. „Haben sie keine Ananas?" Hmm ...

„Doch, natürlich haben wir keine Ananas!"

„Ich habe nichts gesehen!"

„Ich werde es ihnen zeigen. Hier, das sind keine Ananas!" Ich zeigte ihr die Äpfel.

„Das sind keine Ananas, das sind Äpfel!"

„Ja eben, Sie suchen ja keine Ananas!“

Ihr Gehirn ächzte unter der Anstrengung.

„Wie meinen sie das?" „Naja, sie fragen nach keiner Ananas, ich zeige ihnen keine Ananas, aber scheinbar ist es nicht das, was sie suchen."

„Nein, ich will wissen, wo sie Ananas haben!" sagte sie zornig. „Na dann sagen Sie doch, dass Sie Ananas suchen! Heute haben wir keine Ananas ...!"

Ihrem Gesichtsausdruck nach zu deuten, war sie leicht säuerlich. Tendenz steigend. "Haben sie wenigstens Filterkaffee?“ Ich führte die Frau zum Regal mit den Kaffeepackungen. „Hier, diese können Sie alle brauchen für Filterkaffee!“

Sie starrte mich an. „Sie verstehen wohl gar nichts?“ sagte Sie in einer Art, die ich nicht mochte. „Ich meine die Filtertüten!“ Ich runzelte die Stirn. „Ach so, Sie meinen Kaffeefilter?“

„Ja, klar, habe ich doch gesagt!“

Ich führte Sie in die Abteilung und fragte: „Welche Größe brauchen Sie denn? 2, 4 oder 6?“ „Die Normalen!“ zischte Sie mich an.

„Die Normalen sind gerade aus, tut mir leid - genau wie die normalen Kunden …!“

Sie trottete ohne ein Wort aus dem Laden … Manchmal ist es echt spaßig, Ladenbesitzer zu sein!

Souvenir (Exklusiv im Buch)

Dass der Dorfladen in einem Touristengebiet steht, hat einen großen Vorteil: man muss nicht zu allen Leuten freundlich sein. Die Touristen sieht man nicht mehr, so oder so.

Ein weiterer Vorteil ist, dass man ziemlich einfach Geld verdienen kann durch den Verkauf von billigem Schrott. Hauptsache das Schweizerkreuz ist drauf.

Die Tatsache, dass ich die Souvenirs „Made in China“ grundsätzlich hässlich finde, wird nur durch den Umstand aufgewogen, dass sie gekauft werden.

In diesem Sommer habe ich aber auf Berner Sennenhunde aus Plüsch und Matterhornschneekugeln verzichtet, dafür einige Rundständer mit Shirts und Mützen aufgestellt.

Es dauerte nicht lange und die ersten Probleme tauchten auf.

Kaum zu glauben, aber die Touristinnen kauften die Lumpen nicht, ohne sie vorher anprobiert zu haben! Also musste ich vor dem Laden eine Umkleidekabine und einen Spiegel hinstellen.

Halloo?! Ein Billigstleibchen in Rot mit einem weißen Kreuz drauf anprobieren?

Ich nehme nicht an, dass die Käuferinnen diese jemals in aller Öffentlichkeit tragen werden.

Können sie sich vorstellen, dass ich etwas gereizt war, als ich eine Stilberatung anbieten sollte?

Eben! Also kann ich eigentlich nichts dafür?!

Außerdem hat sie mich provoziert! Was geschehen ist?

Ich hatte eben die besagten Drehständer vor dem Laden platziert, kurz vor Ladenöffnung, als sich die Frau näherte. Vielleicht sollte ich noch erwähnen, dass ich meinen Kaffeelevel noch nicht erreicht hatte.

Jedenfalls durchwühlte sie den kompletten Kleiderständer, hängte die Leibchen kreuz und quer wieder zurück und frage mich, ob es nicht mehr Auswahl gäbe.

"Mehr Auswahl? Weiß mit rotem Kreuz? Das würde wenig Sinn machen!"

"Nein, ein anderer Schnitt, in diesem Shirt sehe ich dick aus!"

Mal ehrlich! Wenn man einem Fußballspieler den Ball vor das Tor legt - lässt er ihn wirklich liegen? Ich glaube nicht.

Und genau deshalb antwortete ich: „Das liegt nicht am Shirt!"

Eigenartigerweise kaufte sie nichts und ging ohne ein Wort zu sagen wieder weg.

Induktion (Exklusiv im Buch)

In einem modernen Geschäft wie meinem Dorfladen, werden die Dinge nicht nur verkauft, sondern auch mal zum Probieren angeboten. Kekse hinlegen oder Käse aufschneiden kann jeder. Ich wollte mal etwas Neues versuchen und richtete eine Degustation für Frischteigwaren ein. Ich kaufte im Großhandel eine Pfanne und eine Induktionsherdplatte.

Der Eingangsbereich des Ladens verfügt über genügend Platz, um einen Tisch aufzustellen und die Degustation vorzubereiten. Ich stellte die Herdblatte hin und war bereit, um gegen Mittag, wenn die Hausfrauen zum Einkaufen kamen, sie zu einem Menü nach MEINER Wahl zu verführen.

Es war aber erst halb 10 Uhr, als sich der erste Kunde für die eben aufgestellten Dinge interessierte. "Aha, Induktion!" sagte er ungefragt und fügte hinzu "ich habe es gleich gespürt, als ich die Türe öffnete!"

Ich runzelte die Stirn. "Was haben sie gespürt?"

"Die Strahlung! Induktionsherdplatten sind sehr ungesund. Die Strahlung verursacht Gehirntumore, bringt Herzschrittmacher aus dem Rhythmus und vernichtet alle Nährstoffe im Essen!"

Ich sah ihn an. "Lassen sie mich raten? Sie sind pensionierter Ingenieur?"

Er nickte begeistert. "Ja, Hochbauingenieur!"

"Da bin ich aber froh, sind sie in Rente", sagte ich, "ihnen würde ich nicht trauen!"

Er schien meine Worte zu verstehen, aber sie gefielen ihm nicht. "Wie meinen sie das?" fragte er in gereizter Tonlage.

„Mein lieber Mann", holte ich etwas aus, „wenn sie in ihrem Beruf so gut waren, wie sie jetzt sensibel auf die Strahlung der Induktionsplatte reagieren, so würde ich jedes Haus, bei welchem sie die Finger im Spiel hatten, fluchtartig verlassen."

Er schien leicht betupft. Und bevor er etwas sagen konnte, zeigte ich ihm den Stecker der Herdplatte, welcher neben der Kabelrolle auf dem Tisch lag.

„Die Platte ist nicht eingesteckt und nicht eingeschaltet!"

Er war mehr als sprachlos.

„Wissen sie, jeder kann sich einmal irren," sagte ich mit einem Grinsen, „einfach nicht bei mir! Aber vergessen wir das mal: Möchten sie die neuen Ravioli probieren?"

Er nickte begeistert und griff in den Teller, welcher vor ihm stand. Ich versuchte ihn nicht daran zu hindern. Er kaute auf der Frischpasta herum und schließlich schluckte er sie hinunter. „Etwas kalt und zäh!" meinte er, „aber nicht schlecht!"

Ich lächelte, als ich sagte: „Wenn ihnen das schon geschmeckt hat, dann sollten sie unbedingt mal eins kosten, wenn ich die Ravioli gekocht habe!"

Weitere Geschichten von mir gibt es auf meinem Blog www.wortsucht.ch

Dort finden sie nicht nur Dorfladengeschichten, sondern auch welche aus anderen Serien, wie zum Beispiel „Selbstversuch“.

Nachfolgend eine Geschichte aus dieser Reihe:

Haustiere (Aus der Serie “Selbstversuch”)

Wer alleine lebt, kennt das Gefühl: Du kommst nach Hause und kein Schwein interessiert’s! Deshalb halten sich viele Menschen Haustiere.

So kam es, dass auch ich mir überlegte, ein Haustier anzuschaffen. Aber was für eins?

Die Anforderungskriterien waren leicht zu definieren: Pflegeleicht, geruchlos und flexibel. Der neue Wohngenosse sollte einen Tag alleine überstehen, oder auch mal drei.

Ein Hund? Sicher: ein Tier, welches irgendwie mit mir kommunizieren kann und mir zeigt, dass er sich freut, wenn ich nach Hause komme. Aber regelmäßig Auslauf?

Eine Katze? Warum nicht. Aber in meiner Wohnung den ganzen Tag alleine? Weiß nicht recht …

Vögel? Ja, pflegeleicht und nicht auf menschliche Gesellschaft angewiesen. Aber streicheln?

Also ein Nager! Meerschweinchen, Kaninchen, Hamster oder Mäuse. Futter rein, Wasser rein, Vieh versorgt.

Reptilien? Echsen, Schlangen? Frösche? Sicher, interessante Lebewesen; aber kuscheln?

Ein Schaf? Zugegeben, nicht das übliche Haustier, andererseits habe ich in der Hausverordnung nichts gelesen, dass man Schafe nicht halten darf!

Hunde und Katzen sind manchmal im Mietvertrag erwähnt, aber von Schafen habe ich noch nie gehört.

Ich neige bekanntlich dazu, die Dinge zuerst mal zu probieren und nicht generell als “unmöglich” abzutun.

Deshalb habe ich mir eine Woche Urlaub genommen und, um Zeit zu sparen, mir ein paar mögliche Haustiere probeweise ausgeliehen.

So kam es, dass sich in meinem Wohnzimmer die Katze mit dem Hund um einen Hamster stritt, während sich die Kornnatter mit einer Wüstenrennmaus unter dem Schrank verkroch. Gekuschelt haben die beiden nicht, wie ich später feststellte.

Der Leguan verstand sich mit den Wellensittichen sehr gut – die Gefiederten brauchten anschließend kein Futter mehr und der Leguan übrigens auch nicht.

Entspannend war die ganze Situation nicht, und schließlich musste der Hund raus. Angesichts des Schneefalls beschloss ich, den Hund antiautoritär Gassi zu führen. Ich öffnete die Türe und ließ ihn selbst entscheiden, wohin er pinkeln und wann er wieder reinkommen wollte. Seither habe ich ihn nicht mehr gesehen und es ist doch schon ein paar Wochen her …

Während der Hund die Wohnung verlassen hatte, zeigte ich der Katze den Balkon. Diese testete sogleich die Federkraft ihrer Sprunggelenke. Tatsächlich landete sie auf den Beinen, soweit ich von oben erkennen konnte.

So hatte ich mir das nicht vorgestellt. Hund, Katze und Hamster waren aus dem Rennen, Wellensittiche gab es auch keine mehr.

Apropos Rennen: Ich versuchte die Schlange unter dem Schrank hervorzulocken. Als mir dies aber zu lange nicht gelang, holte ich den Staubsauger …

Nein, nicht, was sie jetzt denken! Ich verwendete das Saugrohr, um das Tier seitwärts unter dem Schrank hervorzuschieben. Die Natter nutzte die Gunst der Stunde und verließ das Schlafzimmer freiwillig. Und mit ihr die Rennmaus. Was mir eigentlich ganz recht war; bestimmt sah diese nicht mehr so frisch aus.

Und hätte der dumme Hund die Türe nicht offen gelassen, wäre die Schlange sicher in der Wohnung geblieben.

Erschöpft von derlei Aufregung, ließ ich mich aufs Sofa fallen.

Dabei entdeckte ich den Leguan, welchen ich zwischenzeitlich vergessen hatte. Dazu kann ich nur sagen: So robust, wie diese Tiere aussehen, sind sie gar nicht! Dies bestätigte mir später auch der Präparator, welcher die Echse ausstopfte.

Mittlerweilen war es Abend geworden und ich legte mich ins Bett. In Gedanken ließ ich den Tag noch mal Revue passieren und begann schließlich, Schäfchen zu … Heiliger Donner! Ich hüpfte aus dem Bett und rannte ins Wohnzimmer. Aber ich kam zu spät! Die drei Schafe hatten das Sofa bereits gefressen und nur ein einzelnes Kissen übriggelassen!

Wie sie sich denken können, habe ich mich für keines der Tiere entschieden.

Dafür kuschle ich mit dem einsamen Kissen, wenn mir danach ist. Es braucht kein Futter und es ist ihm egal, wenn es mal mehrere Tage allein sein muss. Es macht keinen Lärm und keinen Müll. Es müffelt ein bisschen, aber diesen Kompromiss gehe ich ein!

Printed by Books on Demand GmbH, Norderstedt / Germany